广西师范大学

MBA

教学案例研究（2）

陆琳　陆奇岸 等著

内容提要

《广西师范大学 MBA 教学案例研究（2）》一书共有 7 篇案例研究论文，主要为案例研究成果，这些成果具有鲜明的特色和较强的实际应用价值，每一篇都凝聚了作者的心血，不仅体现出了作者对知识的理解与重构能力，也展现了作者多年工作积累的管理智慧和追求创新的品质。通过阅读本书内容，不仅可以了解企业经营背后的逻辑和理论，而且可以了解企业在成长中取得的经验及存在的问题。

本书案例为广西师范大学 MBA 优秀案例，涉及的领域有战略管理、人力资源管理、公司治理、运营管理、市场营销、金融研究、财务管理等。本书案例研究成果都是广西师范大学教师在亲临企业，深入研究中国企业管理实际问题的基础上形成的。

本书是 MBA、EMBA 学员理想的课堂讨论材料和课外读物，也是所有对企业管理、企业成长和实践感兴趣的人士的学习资料。

图书在版编目（CIP）数据

广西师范大学 MBA 教学案例研究 . 2 / 陆琳等著 . —北京：企业管理出版社，2021.3

ISBN 978-7-5164-2313-4

Ⅰ . ①广…　Ⅱ . ①陆…　Ⅲ . ①工商行政管理—教案（教育）—高等学校　Ⅳ . ① F203.9

中国版本图书馆 CIP 数据核字（2020）第 265861 号

书　　名：广西师范大学 MBA 教学案例研究（2）
作　　者：陆　琳　陆奇岸　等
责任编辑：杨慧芳　侯春霞
书　　号：ISBN 978-7-5164-2313-4
出版发行：企业管理出版社
地　　址：北京市海淀区紫竹院南路 17 号　　邮编：100048
网　　址：http://www.emph.cn
电　　话：发行部（010）68701816　　编辑部（010）68420309
电子信箱：314819720@qq.com
印　　刷：北京七彩京通数码快印有限公司
经　　销：新华书店
规　　格：710 毫米 × 1000 毫米　16 开本　11.75 印张　193 千字
版　　次：2021 年 7 月第 1 版　2021 年 7 月第 1 次印刷
定　　价：78.00 元

前 言

为了提高我国专业学位教学案例质量，满足我国专业学位案例教学需求，推动专业学位研究生培养模式的改革与创新，促进专业学位研究生培养质量的提高，广西师范大学每年都定期组织教师参加案例编写培训、案例教学研讨、案例教学现场观摩，组织 MBA 学生参加案例学习大赛等相关活动，用各种激励政策来促进工商管理教学案例编写和教学水平的提高。

《广西师范大学 MBA 教学案例研究（2）》一书共有 7 篇案例研究论文，主要为案例研究成果，这些成果具有鲜明的特色和较强的实际应用价值，每一篇都凝聚了作者的心血，不仅体现出了作者对知识的理解与重构能力，也展现了作者多年工作积累的管理智慧和追求创新的品质。本书案例是作者精心挑选的优秀案例，内容涵盖战略管理、人力资源管理、公司治理、运营管理、市场营销、金融研究、财务管理等领域。通过案例研究培养学生的实际管理能力，提高学生的分析判断能力，以及塑造学生积极进取的品质，实现学生知识结构实用化和能力结构实践化，进而提高我国应用型人才培养质量已经成为教育界的共识。因此，需要对案例进行深入研究和挖掘。

案例一讲解了爱奇艺基于互联网思维，在测试流程升级、进度与质量把控、增强用户黏性等方面进行的创新活动；案例二从开拓管理创新、带动科技创新、引领商业模式创新、优化资本结构等方面介绍了互联网背景下中电振华的创新之路；案例三描述了超市发如何打造互联网 + 生鲜农产品物流运营体系，从而走出销售危机；案例四介绍了安顺烟草商业企业管理和控制物流成本的新举措；案例五以 ALOG 公司天猫项目为研究对象，探究在“互联网 +”时代传统仓储企业如何逐步转化为综合电商物流服务商；案例六讲述了华电重工如何通过差异化竞争战略提高上市收益；案例七从产品特色、服务特色、选址特色、宣传特色四个方面介绍乱了粉库的高端运营模式，并指出乱了粉库所面临的挑战。

本书是广西师范大学 MBA 教育中心案例研究的阶段性成果。希望本书可以为中国特色工商管理教育的发展，以及中国企业管理案例开发和案例库建设贡献一点力量。

目　录

案例一

爱奇艺付费系统打通“互联网 +”渠道*

摘要：目前，中国影视传播业已经成为培养超级想象力企业的肥沃土壤，它将横跨内容制造、平台播控和创新性 App 应用以及传播互动三大领域。爱奇艺公司实施技术引领战略，以内容的质量和性价比为内核，架构传播平台，以 B2C 全民消费模式为主导商业构架，以 B2B 满足企业视频发展需求为辅，打造全产业链平台，从而为 PC、TV、移动三屏提供优质的服务。本案例通过对爱奇艺基于互联网思维的各种创新活动的描述分析，展现新主流视频媒体重塑新格局的雄心，帮助研究者深入了解移动互联网时代的互联网思维和商业模式创新。

关键词：软件测试；“互联网 +”；视频网站；VIP 付费系统

---

*1. 本案例由陆琳、李佳楠撰写，作者拥有著作权中的署名权、修改权、改编权。

2. 本案例授权中国管理案例共享中心使用，中国管理案例共享中心享有复制权、修改权、发表权、发行权、信息网络传播权、改编权、汇编权和翻译权。

3. 由于企业保密的要求，在本案例中对有关名称、数据等做了必要的掩饰性处理。

4. 本案例只供研究分析之用，并无意暗示或说明某种管理行为是否有效。

0 引言

近年来视频行业盈利模式已经开始出现逆转趋势，逐渐告别原来的“全免费”时代，主流视频平台纷纷开启了会员付费观看业务，而爱奇艺在视频行业内拥有庞大的会员数量，并且还在高速发展。

2015 年 7 月，爱奇艺将自制网络剧《盗墓笔记》的十二集全部播放完。在此之前，爱奇艺已经连续四周每周播出一集。然而从第五周开始，爱奇艺选择一次性将全部剩余剧集当天在线点播，着实让粉丝们兴奋不已。当然，要实现通宵追完《盗墓笔记》的愿望，用户必须购买爱奇艺的 VIP 会员资格。厉兵秣马多年，如今借着独家版权和自制内容，视频网站也有了底气，终于开启了视频行业会员收费的大门。

爱奇艺的付费模式以会员包月、包季、包年为主，在不同渠道购买或者购买不同的时长都有不同程度的优惠。在线用户为了追剧纷纷购买会员本是好事，可是，爱奇艺却没能成人之美。

剧集播出后没过多久，《盗墓笔记》的评论区就出现了多条“骗钱”“坑人”的评论。深入询问一位用户才得知，她在 iPhone 上通过 Apple ID 余额支付了包月会员费，然而付费成功后却没有开通会员，此类情况在一天内接连发生。订阅者发现无论通过 App Store 还是官方的各种支付渠道，购买完成后无法兑现会员，而尚未购买的消费者甚至无法打开购买页面。那些已经被系统判定购买会员成功的消费者，点击播放后则出现“播放数据错误”之类的字样。

爱奇艺官方账号凌晨在微博上发表一封声明，表示《盗墓笔记》的粉丝太热情，挤爆了系统服务器，工程师正在加班加点修复。第二天下午，爱奇艺再次发表声明：“昨晚 8 时，瞬时播放请求超过 260 万次，开通会员的支付订单请求超过 260 万次。到今天早上 5 时，90% 的 VIP 会员已经可以正常观看。”

爱奇艺是《奔跑吧兄弟》等多部热门综艺节目和电视剧的网络

视频独家播放方，之前从未发生过如此大规模的服务器崩溃状况。爱奇艺网站上有大量会员独享的高清优质内容，而本次也是其少有地尝试一次性发布会员独享的热门内容。看来，爱奇艺在面对流量暴增的情况时，其软件测试水平还有很大的提升空间……

1　内测成短板

“中国网民大概有 5 ~ 6 个亿，爱奇艺月独立用户就有 3 个多亿，占到了 60% ~ 70%，每天用户数接近 1.3 亿，这是一个巨大的数字。每天，在爱奇艺和 PPS 平台上面，被观看的视频数是 6 个亿。每个月的观看时长是 13 亿小时，相当于平均每个中国人每个月要在爱奇艺和 PPS 上看一个小时的视频。在 2012 年年底，中国乃至全球的互联网第一大应用，第一次从搜索变成了视频。”爱奇艺副总裁段有桥如是说。

爱奇艺公司独立开发了多套软件系统，包括：能够分析用户行为并推荐给用户感兴趣视频的推荐引擎系统；能够对视频版权进行管理并上传的版权管理系统；能够对用户进行收费管理的会员收费系统；能够收集用户数据并进行分析和挖掘的数据分析系统；等等。自成立以来，其软件测试团队不断壮大，对软件质量也越来越重视。经过三年多的积累，爱奇艺已形成一套适合自己的软件测试管理体系，然而随着近几年开发技术和测试技术的快速迭代，以及爱奇艺项目规模的不断扩大，公司慢慢地暴露出软件测试管理方面的很多问题。

1.1　系统破茧而出

会员收费系统是基于三屏合一，针对用户、渠道商、版权方开发的收费产品，将打通用户套餐使用、费用支付、渠道商和版权方分成运算的各个接口，做到对流程的系统化支撑，满足付费产品在系统层面的需求。

会员收费系统是爱奇艺的核心系统之一，主要包含以下特色。

（1）多平台统一的收费账户，一次支付多平台使用。

（2）可按照渠道商及用户的需求，制定不同价位的多样化套餐。

（3）套餐创建方便，可根据需求快速组建及任意修改。

（4）用户支付一定金额成为爱奇艺会员后，即可享受所有视频免费观看、所有视频免除广告、视频下载无限制等会员专属的特权功能。

会员收费系统项目开始于 2011 年 4 月，研发周期 4 个月，开发人员 20 人，测试人员 2 人。其中软件测试扮演着极其重要的角色，原因在于测试不仅要验证新系统本身各个模块的功能，同时要确保新系统与其他内部系统之间的交互功能不受到任何影响。由于系统的功能较为复杂，这类软件项目中测试工作量占项目整体工作量的比例较高，在控制和管理方面的难度较大。会员收费系统项目测试过程中暴露了很多测试管理方面的问题，导致项目延期了 1 个月，并且上线后出现了一些较为严重的质量问题。

1.2 硬伤浮出水面

在一般的软件项目中，软件的质量可以通过软件缺陷来反映。软件测试的目的就是要能够尽早找到软件中存在的缺陷，并由开发人员对缺陷进行修复，从而提高软件的质量。爱奇艺上线会员收费系统之后，对此软件项目的缺陷进行了统计分析，得到质量问题分析表，如表 1 所示。

表 1 爱奇艺会员收费系统质量问题分析表

序号	缺陷类型	缺陷数量	百分比（%）	累计百分比（%）
1	功能运行不正常	128	23.10	23.10
2	不符合需求	70	12.64	35.74

续表

序号	缺陷类型	缺陷数量	百分比（%）	累计百分比（%）
3	运行出现异常	50	9.03	44.77
4	UI 设计问题	48	8.66	53.43
5	设计文档不合理	42	7.58	61.01
6	浏览器兼容性差	40	7.22	68.23
7	运行不稳定	38	6.86	75.09
8	帮助文档描述不清	31	5.60	80.69
9	操作系统兼容性差	26	4.69	85.38
10	数据容量小于设计	23	4.15	89.53
11	代码结构混乱	20	3.61	93.14
12	软件兼容性差	16	2.89	96.03
13	配置文档存在错误	13	2.35	98.38
14	需求文档缺失	9	1.62	100

资料来源：爱奇艺会员收费系统项目测试总结报告。

根据质量问题分析表绘制帕累托图，如图 1 所示。帕累托图是分析质量问题常用的工具，它将出现的质量问题和质量改进项目按照重要程度依次排列，以此来确定产生质量问题的主要因素。在项目管理中，帕累托图主要用于找出产生大多数问题的关键原因，并解决主要问题。

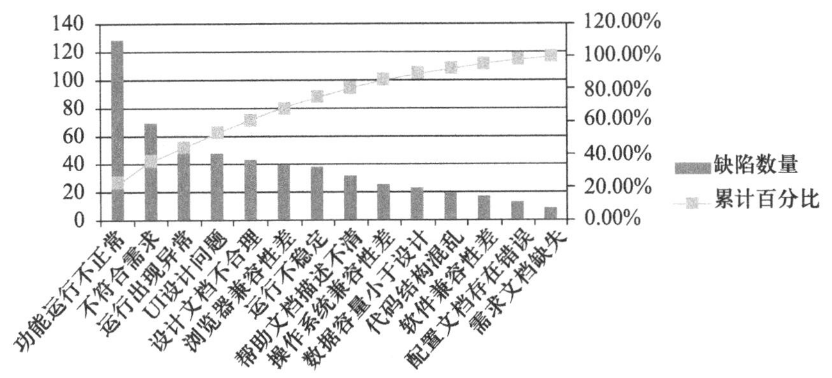

图 1　爱奇艺会员收费系统项目质量问题帕累托图

根据帕累托图的二八原理，80% 的问题是 20% 的原因造成的。对会员收费系统项目来说，接近 80% 的质量问题主要集中在软件功能运行、需求管理和文档管理上。在对项目存在的质量问题详细分析后，总结出会员收费系统项目在测试管理方面暴露出的主要问题为：

（1）测试计划不完善，对各个测试阶段的测试策略缺乏清晰的说明。此外，测试计划对各种风险的预估较为保守，在实际执行过程中与预期的偏差很大，计划中也没有预留适当的缓冲期，导致出现了延期的现象。

（2）产品需求变化频繁，但测试人员没有参加前期的需求分析和评审过程，以至于撰写测试用例的效率极低，且测试用例也没有进行评审，所以在测试执行过程中提交了一些无效的缺陷报告，浪费了开发和测试的时间。

（3）测试执行过程滞后，测试人员等待系统编码完成后才开始测试工作，且测试用例的管理缺乏持续性。另外，缺陷报告提交的内容说明不详细，开发人员对问题认识不清晰，在修复过程中沟通成本较高，延误了修改的时间。

（4）软件配置管理不到位。由于软件项目测试过程的复杂度高，版本更新快，没有做到有效的配置管理，造成了测试过程中的混乱，测试的版本经常发生错误。

（5）缺少测试工具集成管理。由于软件系统复杂程度的增加，会员收费系统项目需要借助工具来提高工作效率，如测试用例管理工具 TestLink、缺陷管理工具 JIRA，但在具体操作过程中没有严格按照规定的标准进行提交和管理，致使最后测试用例和缺陷管理以及测试结果相脱节，没有形成集成的管理模式。

2　测试流程 2.0 升级版

2.1　改进缺陷

在系统测试的过程中，缺陷管理是很重要的一个环节。软件缺陷又称 Bug，即软件或程序中存在的某种破坏正常运行能力的问题、错误，或者隐藏的功能缺陷。测试人员的目标就是最大限度地发现软件中存在的缺陷，然后经开发人员修复缺陷来提高软件的质量。

在会员收费系统项目中，爱奇艺主要采用 Atlassian 公司的 JIRA 系统进行缺陷管理。虽然 JIRA 是功能非常强大的缺陷跟踪管理工具，但由于 JIRA 配置复杂，缺乏群发邮件等功能，使用起来不太方便，甚至会影响测试效率以及对缺陷的跟踪管理，因此并不适合爱奇艺使用。经过调研分析后，爱奇艺决定采用 Mozilla 公司提供的一款开源的 Bug 追踪系统 Bugzila，该系统在缺陷管理方面相比 JIRA 系统有非常好的改进。使用 Bugzilla 进行缺陷管理有以下几个优点。

（1）以往的缺陷和测试用例是用各自的管理工具来管理，现在可以把测试用例管理工具 TestLink 和缺陷管理工具 Bugzilla 两者结合起来，在执行测试用例的过程中发现缺陷后，可以把缺陷报告和测试用例的执行结果联系起来，便于项目相关人员跟踪缺陷和更新测试用例的状态，提高测试管理的效率。

（2）通过设置邮件发送功能，每个软件缺陷的创建、修改、更新都会通过邮件的形式发给缺陷相关的人员，相关人员都能够及时了解缺陷的状态，这在一定程度上加强了大家的沟通，提高了解决问题的工作效率。

（3）Bugzilla 工具可以对软件产品设定不同的模块，并针对不同的模块设定开发人员和测试人员。这样可以实现在提交报告时自动发给指定的责任人，并可设定不同的小组以及权限，设定不同的严重程度和优先级。从最初的报告到最后的解决，Bugzilla 工具确保缺陷都能被跟踪处理。

（4）有利于缺陷的清楚传达。Bugzilla 使用数据库进行管理，提供全面详尽的报告输入项，产生标准化的 Bug 报告。Bugzilla 具有强大的查询匹配能力，能根据各种条件组合进行 Bug 统计。

2.2 项目把控

2.2.1 会议把控

在会员收费系统项目中采取的是每周召开一次会议和每周发送一次报告的形式，但是对于大型项目而言，一周一次的会议显得不够及时，也会出现沟通不顺畅的情况。因此，改进小组提出项目各方每天都需要核对一下当前进度，时间通常控制在 15 ~ 20 分钟。每个人在会议中都要说明：目前完成了哪些工作，遇到了什么问题，如何解决，进度是否正常。会上要确认每个问题都有责任人跟进，并明确解决时间点。在第二天的会议上，所有问题都需要有反馈说明。如果存在风险，则由项目经理统一进行协调。会后，会议记录者会给所有与会人员发送会议纪要，再次确认每个人的任务。同时，每天提交开发报告和测试报告，这样项目相关人员每天的工作都有记录，管理者就能够获得项目进度的重要数据，如果与项目计划存在偏差，可以及时做出相应的调整，最大限度地降低各种上线风险。

2.2.2 监督把控

软件测试的工作主要体现为执行测试用例和提交软件缺陷，使用项目管理工具 Redmine 实时监控项目中每个模块的工作进度。通过 Redmine 中的甘特图可以一目了然地了解各个任务的时间关系和当前进度，图 2 为 Redmine 的使用界面。另外，为了监控每个测试人员每天的工作量，使用测试用例管理工具 TestLink 来监控项目的测试进度，图 3 为 TestLink 的测试报告页面。

甘特图

▾ 过滤器

☑ 状态　打开

6 个月以来 十一月 2012 ✔ 应用 清除

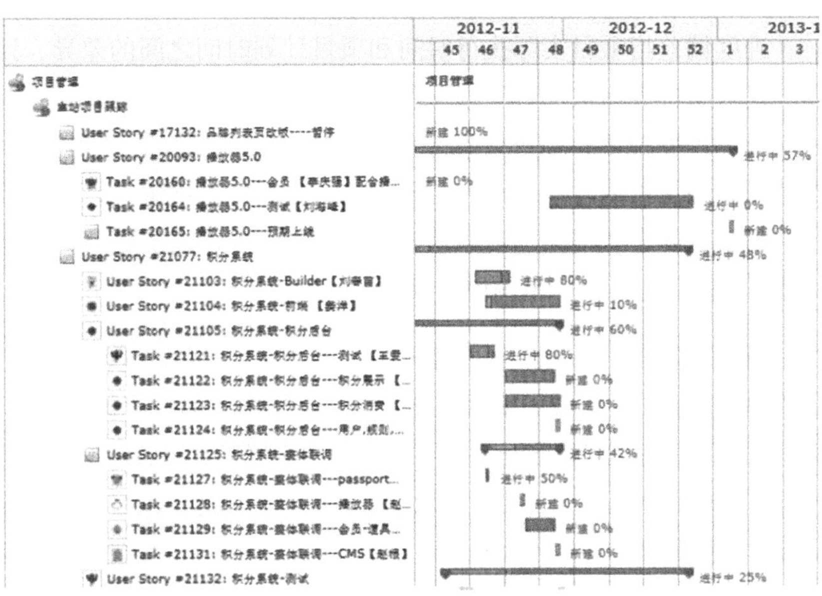

图 2　Redmine 的使用界面

上级测试集的测试结果

组件	总数	尚未执行	[%]	通过	[%]	失败	[%]	锁定	[%]	已完成 [%]
会员营销支撑系统	74	0	0.00	50	67.57	24	32.43	0	0.00	100.00

此报告显示所有顶级测试集的结果，子测试集的结果也被考虑在内。

按平台分类

平台	总数	尚未执行	[%]	通过	[%]	失败	[%]	锁定	[%]	已完成 [%]
Chrome	74	0	0.00	50	67.57	24	32.43	0	0.00	100.00

此报告显示连接到此测试计划的每个平台的测试结果。

图 3　TestLink 的测试报告页面

3 进度 VS 质量，双赢

3.1 进度“加快脚步”

进度偏差指项目实际执行时间和项目计划时间之间的差异，计算公式为项目实际执行时间减去项目计划时间。当进度偏差为正值时，表示进度拖延；当进度偏差等于零时，表示实际与计划相符；当进度偏差为负值时，表示进度提前。通过度量进度偏差，能够及时了解项目的进展情况，当偏差值超过预定值时，需要适当调整项目计划，使项目在可控范围内继续推进。

图 4 是会员收费系统项目和新会员收费系统项目的进度偏差比较，从图中可以看出，上方的折线即会员收费系统项目的进度偏差较大，最高值在系统测试阶段甚至超过了 20%。一般情况下，如果项目偏差超过了 20%，则说明项目控制出现了非常严重的问题，项目有很大的风险，项目预算会发生较大的超支，而实际结果是会员收费系统项目延期了一个月的时间。改进后的新会员收费系统项目的进度偏差基本控制在了 10% 以内，虽然需求测试和测试用例设计阶段的偏差较大，但在单元测试、回归测试和验收测试阶段的偏差均是负值，即出现了

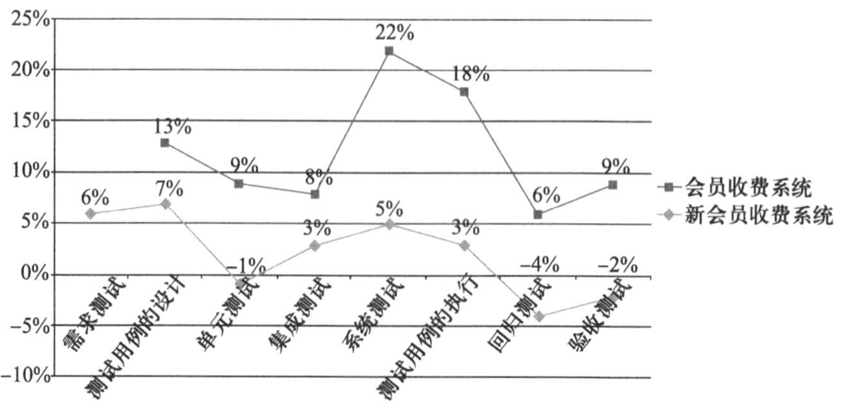

图 4 两个项目的进度偏差比较

进度提前，从而在整体上保证了项目的进度。通过度量进度偏差可知，改进后的测试管理过程在进度管理上取得了意想不到的效果。

3.2 质量“趋于平稳”

软件缺陷趋势图指的是软件缺陷随测试时间变化的趋势图。一个项目过程中 Bug 的趋势走向应该是符合一定规律的。前期统计了在会员收费系统项目中每天新提交的 Bug，其趋势图如图 5 所示。

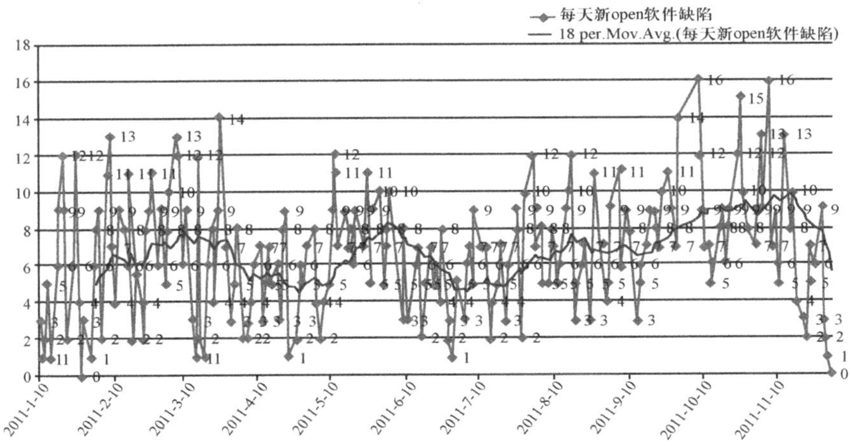

图 5 会员收费系统项目每日提交 Bug 趋势图

从图 5 可以看出，在会员收费系统项目中，Bug 的数量没有出现很大波动，但在项目后期，Bug 的数量依然有增多的现象，说明在测试中期很可能出现了测试不充分的情况，这样的项目存在很大的风险。

图 6 为新会员收费系统项目的 Bug 趋势图。图中的折线表示新会员收费系统项目中每天提交的 Bug 的数量，中间的趋势线表示项目整体的趋势走向。从图上看，项目开始的时候 Bug 数量慢慢增多，然后很快达到最高峰，接着持续减少，但中间会出现一些小的波动，到了后期则渐渐降到很低，最后趋于零，这属于比较理想的状态。

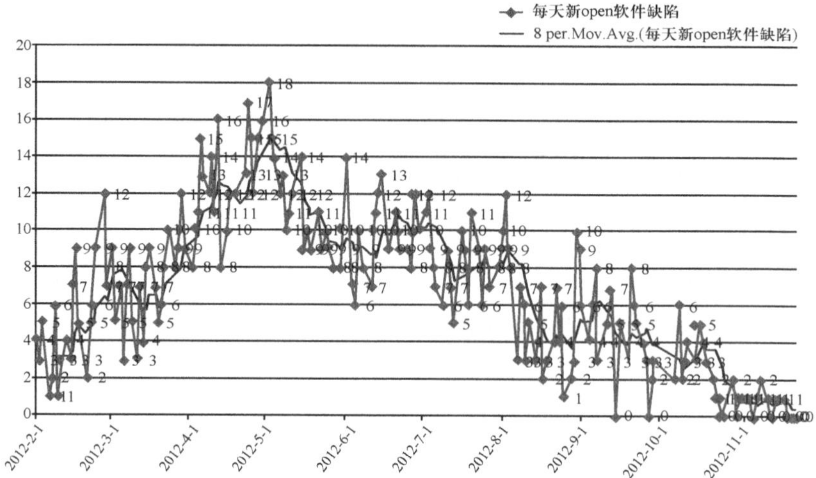

图 6　新会员收费系统项目每日提交 Bug 趋势图

4　增强用户黏性

4.1　付费市场已被撬动

艾瑞报告显示，2015 年第一季度，中国在线视频季度市场规模已高达 68.1 亿元，同比增长 74.7%。高速发展的在线视频市场已成为国内互联网生态圈的重要一环，这块庞大的市场“蛋糕”早已被各大视频网站盯上，分食之战悄然开始。2015 年 6 月爱奇艺公布的付费会员数据显示，付费用户数达到 501.7 万人次，付费用户同比增长 765%。

优酷土豆虽并未直接公布其会员增长情况，但其财务报表显示，用户业务收入主要来自会员服务、手机游戏联运和在线互动娱乐业务的增长，2015 年第一季度收入为 1.208 亿元，同比增长 706%。

腾讯则早在 2014 年就决定未来将重点发展音乐以及视频类的订购服务。腾讯公布的 2015 年第一季度业绩报告显示，数字增值服务较上年增长了 26%。

阿里方面也在计划成立在线视频平台——TBO。该平台除了提供国内外影视节目外，还将有大量自制内容，运营模式参考美国 HBO、Netflix，预计未来阿里 TBO 中 90% 的内容需要付费观看。

在付费观看模式下，除了单片单付外，更常见的付费形式为会员充值，用户注册成为会员后可自行选择包月或包年等充值方式。充值后即可享受免广告、赠券、超高清画质等会员待遇（见表 2）。就包年资费而言，各视频网站标准不一，但大多集中在 100 ~ 200 元这一区间内。

表 2　视频网站会员特权

视频网站名称	年费（元）	会员特权
爱奇艺	198	免广告、免费片库、免费点播、等级身份、超清高速
腾讯视频	150	院线新片、独家美剧、去广告、高清画质、每月赠送观影券、演唱会道具、高速通道、独特身份显示
乐视网	182	会员片库、去广告、获赠点播券、高清画质、高速播放通道
优酷土豆	169	去广告、带宽加速、赠送观影券、独特身份显示、会员影区
搜狐视频	148	去广告、会员片库、影视会员片库、高速通道、全站会员标识
芒果 TV	150	每月赠送观影券、去广告、VIP 专享影片
PPTV	114	去广告、会员片库、高清画质、缓冲加速、会员标志

4.2　付费模式尚未成熟

4.2.1　广告收入现瓶颈

当前国内在线视频行业收入中，最主要的来源仍是各种形式的广告投放。艾瑞数据显示，从 2013 年至 2015 年第一季度，虽然视频广告收入所占比例有所波动，但总体仍以超过 60% 的占比领先版权分销、视频增值服务等其他收入来源。

然而在传统的免费观看模式下，视频前贴片广告播放长度从 15 秒到 90 秒不等，且播放过程中时有广告插播的情况发生，这些都严重影响着实际观看效果，或造成负面用户体验。

虽然短期来看广告收入在视频网站收入中还将处于绝对优势地位，但不断增长的市场规模和潜力惊人的用户数据让爱奇艺开始意识到，仅靠广告收入，大厦易倾，长远来看如何从广告之外的渠道获得更多收益才是视频业“可持续发展”需要思考的内容。付费模式因而成为一直等待的下一个收入增长点。

4.2.2 免费心理占主流

“免费午餐”即便迎来终结也并不能保证付费观看模式能够顺利“无缝衔接”。事实上，目前付费模式最大的尴尬就在于用户相对滞后的观影理念——免费看视频仍是大多数用户的选择。

互联网社区调查显示：不愿意购买应用 / 内容的手机网民占 53.3%；愿意购买应用 / 内容的手机网民仅占 7.2%（见图 7）。目前，中国手机网民对移动互联网产品的付费意愿较低，用户还没有形成对手机视频付费的习惯，同时，适合中国用户的付费视频内容缺乏差异性，难以激发用户付费的欲望。

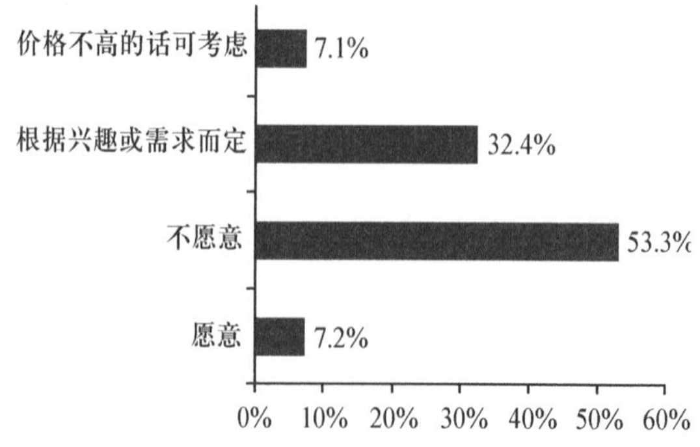

图 7　手机网民付费意愿

4.2.3　国外模式可借鉴

（1）Netflix。Netflix 起源于 DVD 租赁业务，后来发展到线上流媒体订费观看影视剧业务。2011 年财报显示，其流媒体业务占营业收入的六成多，DVD 租赁业务则占比不到四成，而且前者呈不断增长态势。Netflix 的商业模式主要是通过优质内容吸引订户的不断增长，它的版权分销实质上是版权零售，也就是长视频业的 B2C 模式，其收入来源主要是订户收费，占据 80% 以上。国内视频网站初期订户零售规模较小，尤其在 PC 端，付费用户增长难度很大，爆发性增长不易，而电视端受牌照和网络建设及高清机铺货力度等限制，暂时也无从发力。从这个角度上讲，复制 Netflix 的路线有难度。

（2）Hulu。再来看 Hulu 模式，首先它具有“官办”背景，属于内容商的一种自制直销平台，其业务类似电视的网络化，但是难以效仿，因为其大部分靠广告收入盈利。它的核心模式可概括为：①正版内容免费看；②优质的用户体验。Hulu 的业绩在 2011 年增长了 60%，全年总利润达到了 4.2 亿美元。这一收入来自广告销售以及高级用户的订阅费用。Hulu 总共有 150 万的付费用户，比起 Netflix 的 2300 万相差甚远，Hulu 根本上还是免费 + 广告模式，收费只是多样性的尝试，如果全部向着收费方向发展，它将失去内容成本低的优势。Hulu 的关键词是内容自制，它的商业模式也是 B2C。

（3）Brightcove。Brightcove 是视频业的 B2B 模式，这种模式的收入主要是为客户打造和推广专业视频的服务费。Brightcove 主要是向视频内容生产商或者节目制造商提供更专业的视频制作和特别服务，为不精于视频制作的企业量身打造专业视频，同时也为其他数字媒体提供发行和发布平台。未来，随着视频化需求的增加，爱奇艺将通过其 CDN 网络和技术，对大量有着视频传输服务需求的非专业视频网站和企业提供视频传输服务。在战略布局上，此类业务属于 B2B，其业务模板有足够的参照性。对于全产业链都要覆盖的爱

奇艺而言，该模式值得学习。

4.3 打响内容拉锯战

可以看出，视频业的商业前景是由长视频决定的，流量不是重点，重点是客户浏览网页时的滞留时间，而能够让客户驻足的最核心的东西是“内容”。

首先，维护一个内容广而全的综合性视频网站面临着巨大持续的资金压力，对内容资源的生产和掌控并不是视频网站的优势。从优酷和土豆合并以及搜狐、百度、腾讯结成视频内容战略联盟就可以看出一些端倪，内容已经成为综合性视频网站不堪承受之重。

其次，用户不需要那么多的综合性视频网站。网民的需求是碎片化的，追求的不是内容的大而全，而是能够更好地满足需求。在媒体领域，试图完全占有任何一个受众是不可能的，能够占有的只能是受众碎片化的需求。中国网民网络视频应用研究报告显示，视频用户平均使用 4.5 个视频网站观看视频，其中超过 1/3 的视频用户使用 6 个或更多的视频网站。根据这一数字可以提出三个假设：其一，用户对视频应用的需求沿袭了对其他应用的需求，即不求广而全，但求专而精；其二，视频用户已经自发地根据满足需求的能力对不同的视频网站进行了定位；其三，视频用户已经自觉地根据视频网站的定位进行切换、选择、观看。用户最常使用的综合性视频网站一般只有 1 ~ 2 个，其他的都是专门的垂直视频网站，比如用快手动漫看动画片、用火花看美剧、用 NBA 直播看体育、用网易公开课看教育类视频等。

综合性视频网站看上去很美，但需求主体手握大权，未来能够存活下来的更可能是垂直类视频网站，因此，将有限的资源用于某一个垂直领域，做到专而精，同样会得到用户的青睐。

5 “互联网 +”初长成

2015 年，中国视频行业首个《网络视频个人付费行业白皮书》（以下简称《白皮书》）正式发布。该报告由爱奇艺数据研究院根据各视频网站公开数据，以及艾瑞、CNNIC 等权威机构提供的数据整理分析得到，旨在通过海量数据分析，对视频付费市场现状以及视频会员画像、行为、偏好等维度进行分析呈现，并真实客观地反映中国视频内容和用户需求在电影、电视剧、综艺等内容领域的变化，帮助产业链上下游对视频会员服务有更直观、清晰和全面的了解，推动行业健康快速发展。

《白皮书》数据显示，2014 年初至 2015 年初，中国视频个人付费市场规模从 2.1 亿成长到 5.9 亿，年度同步增幅高达 178.1%；与此同时，网络视频行业收入结构中，用户付费比例逐年递增，截至 2015 年第一季度，占比已达 11%。中国视频行业用户付费市场已经步入快速增长期，并且增速迅猛。2015 年第二季度，付费会员平均每天花 93 分钟看视频，而非付费会员为 79 分钟，付费会员在娱乐视频上往往会消费更多时间，并且观看视频的流量晚高峰比非付费用户晚 1 ~ 2 个小时，深夜的活跃程度也一直高于非付费用户。作为付费内容的主力军，电影对视频会员的吸引力一直非常明显，2015 年第二季度，付费会员观看电影的时长远超非付费用户，达 3 倍之多。在付费会员观看的内容中，华语电影成为其最热衷的偏好，占比达六成。

移动终端智能设备的发展、移动支付爆发式的渗透以及虚实结合的崭新视觉体验，成为“互联网 +”融入视频会员服务的重要动力。截至 2015 年 6 月，爱奇艺月度独立付费用户已经超过 500 万，说明这个在中国视频行业正在快速崛起的新市场已经规模初现。

5.1　爱奇艺 + 华硕 + 英特尔 = “奇异果”

随着互联网融合大潮来袭，各行业都将迎来重大变革。尤其是网络视频企业动作最为频繁，在乐视高调进军移动领域之后，爱奇艺也紧随其后，联合英特尔、华硕，剑指移动终端。本次三方强强联手推出的“奇异果”高清平板，是以移动互联网视频产业为背景，从硬件配置、视听体验、界面优化等方面专为网络视频用户设计的“贴身影院”。

英特尔全新一代移动处理器支持硬解 H.265 视频编码技术，其特性在于改善码流、编码质量、延时和算法复杂度之间的关系，达到视频最优化状态。与采用其他编码技术的视频相比，采用 H.265 视频编码技术的视频在同样的画质下技术比特率更低，既可以节省占用的储存空间，又可以减少对网络传输带宽的需求。英特尔芯为“奇异果”在视频解码方面提供了强大的“大脑”，而华硕则为“奇异果”量身定制影院级的视听配置。本次推出的“奇异果”平板配备分辨率为 1920×1200 的全高清 IPS 显示面板，可视角度扩展至 178 度。同时，得益于 OSG 全贴合技术，“奇异果”有效控制了显示面板的厚度和重量。另外，华硕“奇异果”平板背盖采用了多层精致涂层，并采用金属不导电真空镀膜（NCVM）技术，有效防止日常使用对机身表面的磨损，让“奇异果”时刻拥有水晶般的靓丽外表。爱奇艺华硕高清平板的推出，不仅是战略性的“软硬兼施”的强强布局，更体现了一种全新的用户体验式产品理念。

5.2 会员“邂逅”微信支付

社交与电商走到一起，其实并不令人太过意外，因为彼此都有羡慕对方的理由。移动端的轻量化应用能够随时随地使用，有效利用用户的碎片时间，用户投入的操作成本相对 PC 端要少很多，这点对于服务类的电子商务产品尤为重要。所以，从某种意义上来说，移动电子商务甚至可以看作社会化电子商务的一个重要子集。随着电商的助推，“微信价”成为 2013 年下半年非常火热的词汇。

2013 年“双 11”期间，爱奇艺联手微信发起微信支付 1 分钱注册爱奇艺 VIP 促销活动。用户只需绑定银行卡，便可在多种场景下用微信完成支付，接入方式除了 App 内支付和公众号内置支付外，还有微信所擅长的扫码，这对移动用户来说具有非常大的吸引力。近年来，抢占移动端已经成了各大视频网站的发展重点，而微信支付在为爱奇艺会员收费系统带来高效解决方案的同时，也促进了新的移动电商生态的形成。

一、研究目的

通过本案例的研究分析，可以了解社交生态系统、用户黏性等互联网经济核心知识要点；掌握项目管理的流程创新体系和运用的工具及技术；认知电子商务企业经营模式的特点；思考“互联网 +”融入视频会员服务为企业创造的价值。

二、启发思考题

（1）“互联网 +”生态环境下，爱奇艺通过哪些途径从连接会员与信息转变成连接会员与服务？如何打造立体化传播闭环，强化用户黏性？

（2）在盈利模式呈现多元化趋势的当下，爱奇艺该如何权衡广告收入、版权分销收入、视频增值服务收入构成比重，以实现三大领域平台联动？

（3）你认为爱奇艺应是一个媒体还是一个技术公司？从技术驱动创新的角度分析未来爱奇艺如何规避“爆发力强而后劲不足”的隐患。

（4）结合当前网络视频行业的竞争格局，分析爱奇艺的会员对传统网络视频平台的颠覆与影响，思考爱奇艺的商业模式是否容易被复制。

三、分析思路

本案例可按照以下几个核心思路展开分析。

（1）在视频2.0时代，视频网站的主要任务将从连接人与信息，延展为连接人与服务。在技术上，视频网站不仅需要从视频的基本描述中提取信息，更需要理解视频内容，并充分利用技术优势将这一理解过程自动化，提升处理效率。人工智能和虚拟现实、增强现实将是视频2.0时代的技术高地。

（2）在视频理解方面，目前爱奇艺基于先进的深度学习技术，推出了Video out、Video in、Figure out等功能，对视频中的人物、商品等进行智能识别，从而链接人物、场景、物品等开展丰富的泛视频服务。例如，爱奇艺利用Video out技术协助苏宁进行了电商导购。在虚拟现实和增强现实方面，爱奇艺已经从技术上实现了对体育、综艺等各类节目资源的全面支持，成功全景直播了2015年中国网球公开赛、2015年百度大会等活动，为用户提供了360度沉浸式的高清全景观看体验，并推出爱奇艺VR手机应用；同时联合产业链上下游，与虚拟现实头盔等全面兼容，提供多端双屏观看体验，全面提升视频体验的互动性、趣味性。

（3）爱奇艺定位为综合性的新主流视频媒体，是有非常强的媒体基因的技术型公司。如今，爱奇艺与PPS的合并将提升自身的广告议价能力，提高其他综合性视频网站拓展用户资源的难度。新技术和产业链的不断突破更造就了爱奇艺战略方向上的强大优势。

①视链技术——借助人脸识别技术，直通百度百科，对影视剧中的人物进行注释，并一键直击爱奇艺社区，此为国内首创。

②爱奇艺AIR版客户端——基于Adobe AIR技术创建，可以在Windows平台、Android平台、黑莓BlackBerry平板电脑平台和iOS设备及电视上使用。

③积极拓展艺人经纪业务，形成造星到运营的产业链条，丰富平台业务模式。

④与全球影视公司开展版权合作，这无疑是在互联网电影格局开始裂变的时期，争夺影视产业链上游话语权的关键一步。

⑤通过针对 PGC 内容的品牌植入、与电商合作边看边买的“屏购”模式、针对会员的差异化编排，吸引付费用户等，使视频网站的盈利模式呈现多元化趋势。

（4）在几大主流视频网站中，爱奇艺进入行业最晚，2009 年筹建，2010 年才上线，比早期进入的竞争对手晚了四到五年时间。爱奇艺为何能够后来居上？其率先在行业内实现大 IP、播出方式、盈利模式三大突破是重要原因。同时，这三大突破也将贯穿于视频网站行业未来发展过程中，对行业发展起到关键作用。

第一是大内容 IP 的突破。视频网站是一个新媒体，媒体有两个基本的要素，即渠道和内容。渠道也可以说是平台，内容就是大内容 IP，在内容上的突破对视频网站尤为重要。第二是播出方式的突破。在中国网络视频行业，一开始是用户自己上传内容（这些内容很大一部分是版权“不干净”的），之后发展为视频网站自己购买内容版权，播放电视台播放过的内容，现在这一播出方式正在改变。目前，很多视频网站不再单一地跟随电视台播放内容，而是加入首播行列，并且首播的影视剧等内容的投资不低于甚至远远超过电视台播放内容的投资。第三是盈利模式的突破。视频网站行业的盈利模式从单一依靠广告变成了多种盈利模式共存，包括用户付费、电商模式、游戏等衍生业务等，特别是用户付费，将成为未来视频网站行业扭亏为盈的重要突破口。2015 年，爱奇艺付费用户已经接近 1000 万，爱奇艺付费用户的年费是 360 元 / 人，若以 180 元 / 人的优惠价销售，1000 万付费会员产生的营业收入就是 18 亿元，并且付费会员的人数还在快速增长。可以预见，未来用户付费很可能成为与广告相抗衡的视频网站的主要营收渠道。

四、理论依据与分析

1. 定位理论

定位理论由美国著名营销专家艾·里斯（Al Ries）与杰克·特劳特（Jack Trout）于 20 世纪 70 年代提出。所谓定位，就是让企业和产品与众不同，形成核心竞争力，使其与其他的竞争品牌差别化，同时根据差别化的特征来设定相应的营销活动。企业和产品需要在客户的心智中占据一个有价值的位置，鲜明地建立品牌，使自己成为代表品牌，或者说让自己与“第一”相关联，成为第一。很明显，定位理论以“打造品牌”为核心，以“竞争导向”和“消费者的心智”为基本点，帮助企业在与竞争对手的心智战争中取得主导地位。在明确定位的过程中，常用到的分析法为 3C 定位法，如图 A 所示。

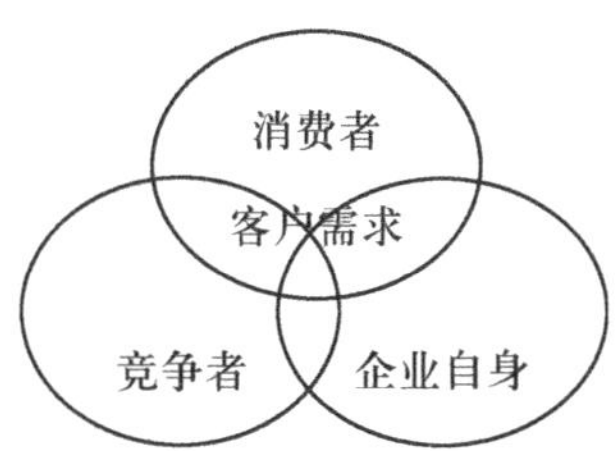

图 A　3C 定位法

在互联网和移动互联网飞速发展的今天，对于传统企业来讲，如果继续按照之前的模式运营，势必受到很大的冲击。跨行业、跨平台的大竞争时代已经到来，企业需要思考如何让自己在如此激烈的竞争环境中脱颖而出，如何在大数据的环境下为企业和产品塑造一个鲜活的品牌。对于传统企业来讲，不仅面临战略的转型，如何应对竞争也将成为一大难题。所以，对自己重新定位，将成为传统企业面对竞争首要应解决的问题。

2. 流程创新

熊彼特（Joseph A.Schumpeter）在《经济发展理论》中系统地

提出了技术创新理论（Technical Innovation Theory）。他认为“创新”就是一种新的生产函数的建立，即实现生产要素和生产条件的一种从未有过的新结合，并将其引入生产体系。创新中包括两方面很重要的内容，即开辟新的市场和形成新的组织流程。在本案例中，爱奇艺应用“互联网 +”思维，通过技术驱动的方式，完成了线上线下全渠道的布局；同时，在互联网对传统企业形成巨大冲击的背景下，爱奇艺以此开辟了新的业务模式，也使行业内以及电子商务行业的业务竞争模式进入新的纪元（见图 B）。

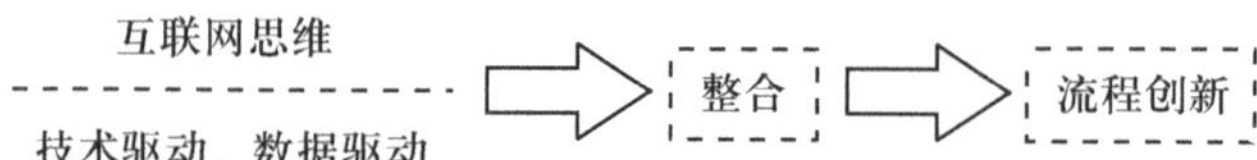

图 B　流程创新模型

在庞大的内容群之外，爱奇艺多项创新技术、产品的推出将进一步推动平台营销价值的提升。例如，爱奇艺将继续推动媒体功能的转变，实现视频程序化购买；将凭借自身在行业中的影响力和引导力，推动视频营销模式的新突破，重塑新格局。

3. 用户黏性

用户黏性也称为用户黏度，是一个网站或网站群对浏览用户的吸引度，并由此建立起用户对网站或网站群的忠诚度。网站用户黏性的表现方式主要有：①经常性浏览该网站；②深度阅读网站内容；③与网站或网站浏览者进行互动；④注册该网站的信息详细准确；⑤与该网站建立起品牌认可，潜移默化地推广和宣传网站。在开放的互联网平台中，产品与服务都摆在用户面前供其自主选择，使得互联网产品之间的竞争更加激烈，用户的选择更加自主化和多元化。能否真正掌握用户、锁住用户以及有多强的用户黏性成为影响未来发展的重要因素。因此，互联网企业更加注重用户体验，通过提升互联网产品对用户的友好度和用户体验，并且将互联网产品嵌入用户的日常生活方式，达到增强用户黏性的目的。

4. 互联网思维

《互联网思维：独孤九剑》是国内第一部系统阐述互联网思维的著作，其中包括用户思维、简约思维、极致思维、迭代思维、流量思维、社会化思维、大数据思维、平台思维、跨界思维（见图C）。

一、用户思维（对市场、消费者的理解）
✓法则1：得“屌丝”者得天下
✓法则2：兜售参与感
✓法则3：用户体验至上
二、简约思维（对产品规划、设计的理解）
✓法则4：专注，少即是多
✓法则5：简约就是美
三、极致思维（对产品、用户体验的理解）
✓法则6：打造让用户尖叫的产品
✓法则7：服务即营销
四、迭代思维（对创新流程的理解）
✓法则8：小处着眼，微创新
✓法则9：精益创业，迅速迭代
五、流量思维（对经营模式的理解）
✓法则10：免费是为了更好地收费
✓法则11：坚持到质变的“临界点”

六、社会化思维（对关系链、传播链的理解）
✓法则12：利用社会化媒体，口碑营销
✓法则13：利用社会化网络，众包协作
七、大数据思维（对企业资产、竞争力的理解）
✓法则14：数据资产成为关键竞争力
✓法则15：你的用户不是一类人，是每个人
八、平台思维（对商业模式、组织形态的理解）
✓法则16：打造多方共赢的生态圈
✓法则17：善用现有平台
✓法则18：把企业打造成员工的平台
九、跨界思维（对产业边界、产业链的理解）
✓法则19：携“用户”以令诸侯
✓法则20：用互联网思维，颠覆式创新

互联网九大思维20条法则

图C　互联网思维“独孤九剑”

（1）用户思维。即在价值链各个环节中都要“以用户为中心”去考虑问题，它会驱动整个公司围绕用户口碑展开活动。爱奇艺的品牌理念是“悦享品质”，反映了爱奇艺为用户提供清晰、流畅、界面友好的观影体验的宗旨。

（2）简约思维。是指在产品规划和品牌定位上，力求专注、简单；在产品设计上，力求简洁、简约。在互联网时代，信息爆炸，消费者的选择太多，选择时间太短，用户的耐心越来越不足，加上

线上只需要点击一下鼠标，转移成本几乎为零。

（3）极致思维。就是把产品和服务做到极致，把用户体验做到极致。爱奇艺倡导“轻奢新主义”的 VIP 会员理念，围绕人们对高品质生活细节的追求，坚持为 VIP 会员提供专属的海量精品内容、极致的视听体验，以及独有的线下会员服务。

（4）迭代思维。“敏捷开发”是互联网产品开发的典型方法，是一种以人为核心、迭代、循序渐进的开发方法，允许存在不足，通过不断试错，在持续迭代中完善产品。互联网产品能够做到迭代主要有两个原因：①产品供应到消费的环节非常短；②消费者意见反馈成本非常低。

（5）流量思维。流量意味着体量，体量意味着分量。爱奇艺是百度投资创建的独立视频网站，百度提供给爱奇艺流量、数据和品牌影响力。爱奇艺凭借“富二代”的出身，依靠百度搜索 40% 的流量导入和百度指数等强大的后台用户分析技术，更加了解网络视频用户的偏好，从而赢得更多流量和用户。

（6）社会化思维。社会化商业的核心是网，公司面对的客户以网的形式存在，这将改变企业包括生产、销售、营销等在内的整个形态。

（7）大数据思维。依托百度大数据平台优势，爱奇艺将“一搜百映”推向市场，它的技术核心就是通过巧妙地挖掘搜索引擎海量数据的价值，优化视频广告服务，同时减少对非目标用户的广告打扰。根据爱奇艺的测算，“一搜百映”技术可使广告到达页面的信息到达率达到 50% 以上，高出原有模式 45% 以上。

（8）平台思维。“硬件 + 软件 + 网络服务”是爱奇艺的核心竞争力。

（9）跨界思维。随着互联网和新科技的发展，纯物理经济与纯虚拟经济开始融合，很多产业的边界变得模糊，互联网企业的触角已经无孔不入，进入零售、制造、图书、金融、电信、娱乐、交通、媒体等领域。互联网企业的跨界颠覆，本质是高效率整合低效率，包括结构效率和运营效率。

五、背景信息

爱奇艺，原名奇艺，于2010年4月22日正式上线。2011年11月26日，奇艺正式宣布品牌升级，启动“爱奇艺”品牌并推出全新标志。作为国内领先的网络视频播放平台，爱奇艺由全球最大的中文搜索引擎——百度，联手美国私募股权投资公司普罗维登斯资本共同组建，是国内首家专注于提供正版高清网络视频服务的大型专业网站。爱奇艺的品牌理念为“悦享品质”，即从流畅的观影体验、高清的视觉效果、贴心的分享感受等多方面将“品质”做到极致。

目前，中国网络视频行业用户付费市场已经步入快速增长期。付费市场的成熟得益于以下两点：①国家打击盗版的力度越来越大，其中标志性的事件就是中国最大的盗版网站快播被查；②在线支付越来越便捷，从几年前的平均需要40分钟左右发展到现在仅仅几秒钟就可以搞定。

据统计，拉动爱奇艺会员增长的主要内容是电影，尤其是国产电影。以前，一部电影下线之后通常要两个月以后才能进入视频网站。2014年，爱奇艺开始缩短院线放映和视频网站播出之间的空当，把两个月变成15天。时间的缩短，使电影在院线放映期间积累下的口碑带动其在视频网站的点击率，吸引更多的观众对电影付费。

会员收费将逐渐成为中国网络视频行业主要的营收来源。现在，会员业务已经和移动端业务并列为爱奇艺的两大重点业务。一名会员的网站贡献度相当于非会员广告的20倍。2016年起，爱奇艺将投入超过50%的资金和资源用于VIP会员业务。2015年，爱奇艺与美国NBC环球签署协议，从此每年将有数百部NBC环球经典电影和未来新片进入播出系统。爱奇艺未来的目标是使会员收入超过广告收入。

爱奇艺将整个生态完全打通，涉及影业公司、视频网站、手游业务等。今后会员大量涌入导致服务器崩溃的事情将不会出现了。除了升级服务器之类的硬件设备外，爱奇艺还将推出更多会员定制服务。未来爱奇艺会员将享受个人定制的会员界面，能够更方便地找到自己喜欢的资源。总的来看，这次爱奇艺的“VIP 会员升级”更多的是明确了将发展付费会员业务作为产品的战略，并对未来的一些功能做出了承诺。

六、关键要点

（1）谁能长期为受众提供更好的问题解决方案，谁就能真正在市场中长久立足。客户分析的核心是：寻找至关重要的、尚未解决或尚未得到很好解决的问题。成功的企业能系统地掌握市场和受众的潜在利益，以此获取大量具体的、可直接运用的信息，从而了解市场中最重要的利益相关者——客户。另外，关键是要把企业的强项和弱项与市场的现有条件相结合。

（2）在（移动）互联网、大数据、云计算等科技不断发展的背景下，应对市场、用户、产品、企业价值链乃至整个商业生态进行重新审视。不是因为有了互联网才有了互联网思维，也不是只有互联网公司才有互联网思维。真正的互联网思维是对传统企业价值链的重新审视，体现在战略、业务和组织三个层面，以及供研产销的各个价值链条环节中，并且将传统商业的“价值链”改造成互联网时代的“价值环”。

附录

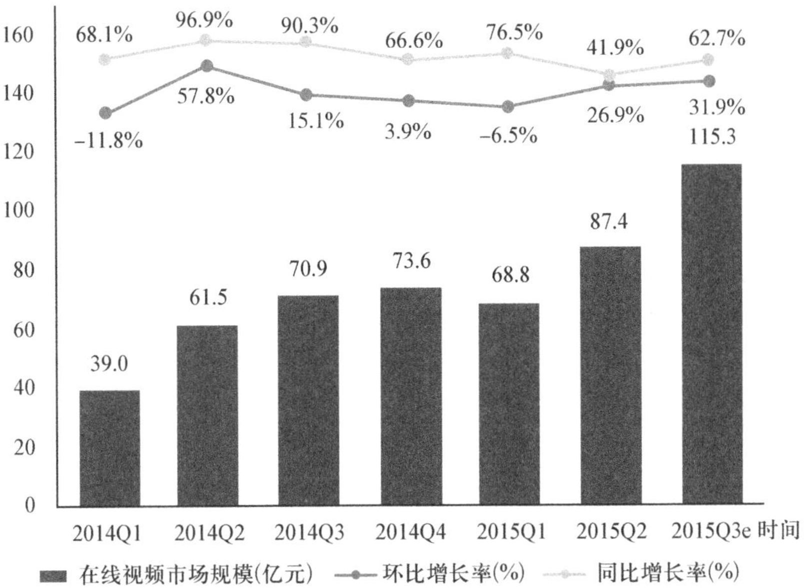

附图 1　中国在线视频行业市场规模变化

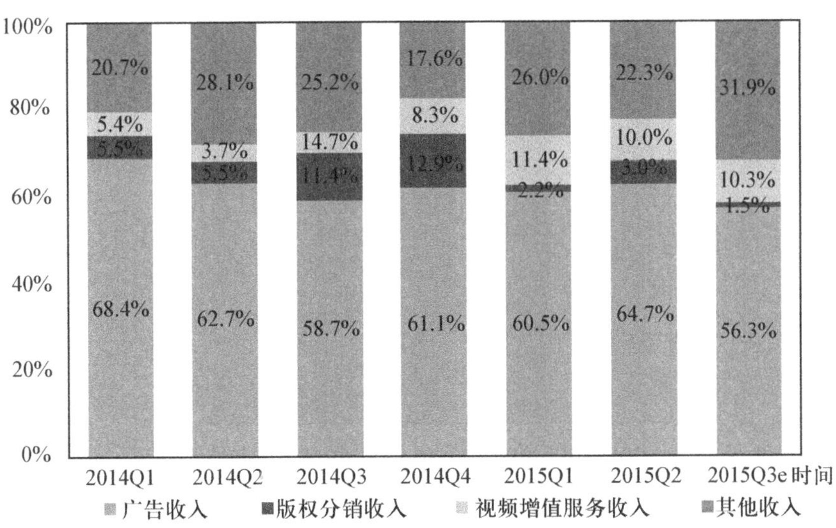

附图 2　中国在线视频行业收入构成变化

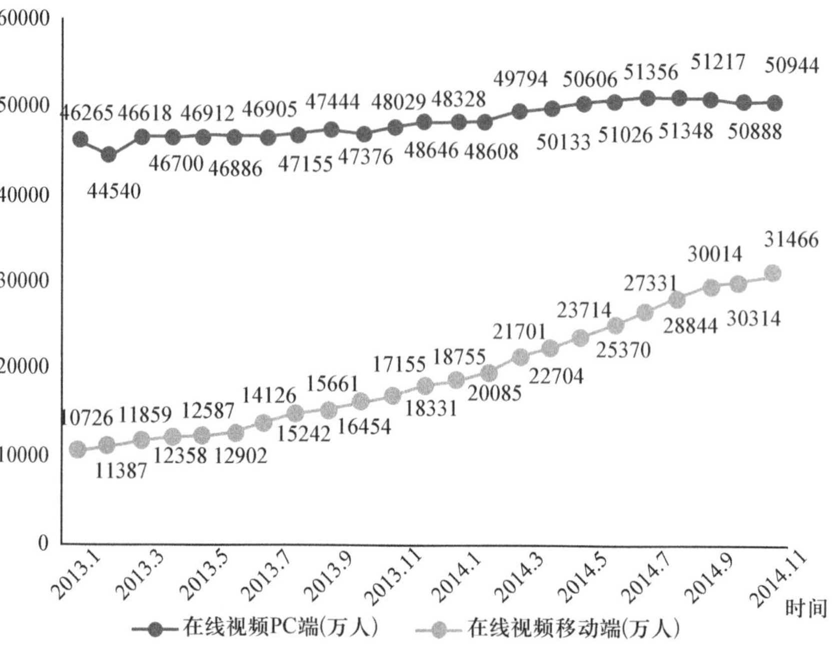

附图 3　中国在线视频 PC 端与移动端用户规模变化

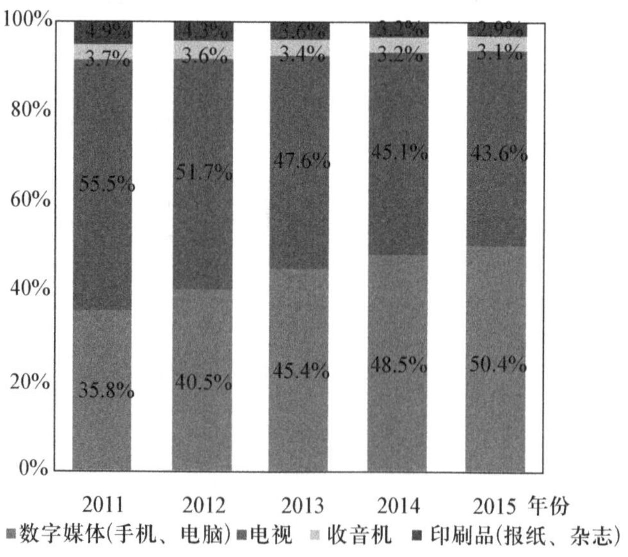

附图 4　2011—2015 年中国人均每天使用各媒介时间占比

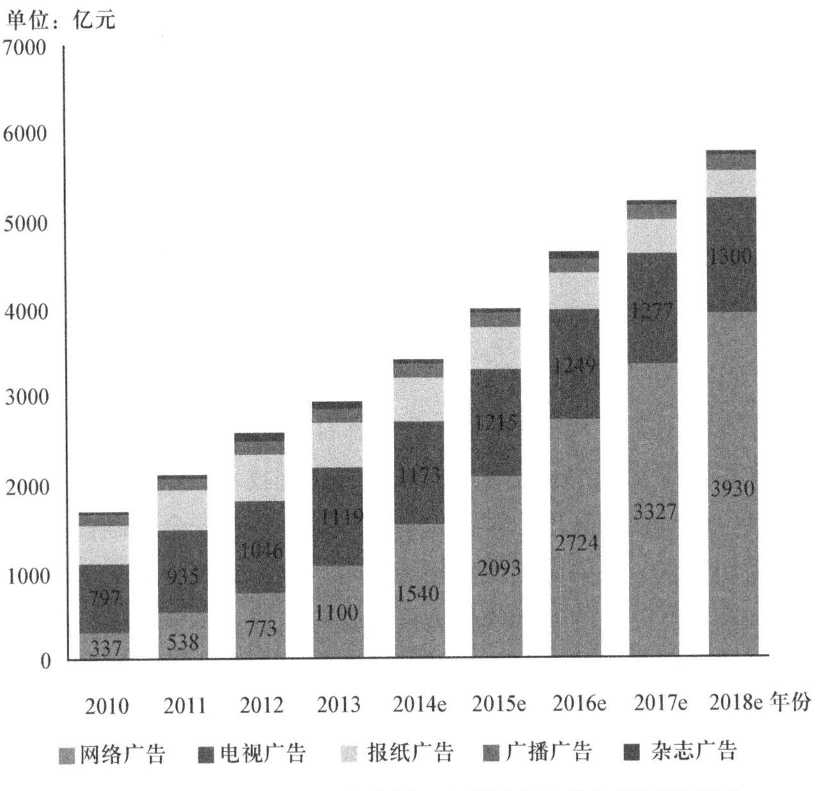

附图 5 2010—2018 年中国五大媒体广告收入规模及预测

案例二

互联网背景下中电振华创新之路*

摘要：本案例描述了中电振华企业发挥自身的产业链、品牌、资本、渠道和军工等优势，充分利用互联网的先进技术、经营理念、营销战略、生产实践和管理思维，以自主可控、信息安全基础核心芯片产业为切入点，以关键领域应用为立足点，形成高技术优势，成为支撑国家信息安全的基础硬件力量的过程。通过案例分析，研究者可以了解科技型企业如何在互联网背景下发展新材料、新能源主导产业，将产业链、价值链从中低端转型升级到中高端，保证创新战略的实施。

关键词：互联网；创新战略；资本结构

---

*1. 本案例由陆琳、袁剑锋、姬胜杰、程军撰写，作者拥有著作权中的署名权、修改权、改编权。

2. 本案例授权中国管理案例共享中心使用，中国管理案例共享中心享有复制权、修改权、发表权、发行权、信息网络传播权、改编权、汇编权和翻译权。

3. 由于企业保密的要求，在本案例中对有关名称、数据等做了必要的掩饰性处理。

4. 本案例只供研究分析之用，并无意暗示或说明某种管理行为是否有效。

0　引言

隆冬时节的黔中大地，中电振华信息产业有限公司欢欣鼓舞地迎来一批退休老专家。振华电子大楼一楼大厅，灯光明亮，喜气洋洋。中电振华领导向在座的老专家介绍了公司在互联网背景下如何实施好创新驱动发展战略、加快转变经济发展方式。在中电振华，老专家看到了这家20世纪60年代内迁、创建的老企业，如何通过互联网+传统企业，打破信息不对称，降低交易成本，促进专业化分工和提升劳动生产率，从而实现转型升级，开辟发展新天地的奋斗历程。

在振华产品展示台，当听到介绍员介绍振华有300多个型号的产品已实现国产化替代时，老专家十分高兴。在钽电解电容器生产线和产品测试中心，老专家了解到振华新云钽电容器为国防重点工程建设做出了重要贡献，同时公司不断提升技术等级，使多项尖端技术工艺处于国际领先水平。老专家对中电振华领导说："目前，我们的核心元器件仍然是薄弱环节，重点工程有些问题分析下来还是元器件不过关，所以要大力发展核心元器件。"

参观完钽电解电容器生产线，老专家回到振华电子大楼大厅，与早早等候在此的振华集团的优秀年轻员工握手，并关切地询问他们的工作情况。老专家说："振华新云公司办得这么好，你们年轻人做了很多努力。振华长期扎根三线，特别是在西南地区，能有这么好的发展很不容易。中国电子这几年得到了长足发展，效益不断提高，你们要进一步拓展市场，参与国际竞争，加大核心元器件的开发，满足国家重点工程和经济建设的需要。"中电振华党委书记、董事长对老专家说："振华有今天的发展，是在座老同志们艰苦奋斗的结果，你们一生都奉献给了公司，没有你们的关心与支持，振华就没有今天这样的发展。"

在老专家离开振华之际，振华干部职工自发到公司大门夹道欢

送，老专家在车上频频向职工挥手告别，一股巨大的暖流久久萦绕在振华干部职工心间。

1 中电振华的前世今生

1.1 中电振华的成长史

中国振华（集团）科技股份有限公司是由始建于 20 世纪 60 年代中期的军工电子基地——083 基地不断发展而来，曾参与“东方红一号”“两弹一星”等多项国家重大工程。1984 年由在黔的 25 户军工电子企事业单位组建成中国振华电子工业公司，1991 年经国务院批准，更名为“中国振华电子集团公司”，并成为 55 家首批国家试点大型企业集团之一。1994 年，公司被批准设立国家级技术中心。1997 年以优势企业为主体、以优势产品为基础、以优势资产为国有股本实施“三优叠加”，组建了中国振华（集团）科技股份有限公司并成功上市。2008 年 9 月，贵州省国资委成立了贵州振华电子国有资产经营有限公司（以下简称振华国资公司），并将其持有的中国振华电子集团有限公司的股权全部划转至振华国资公司。2010 年 2 月，中国电子信息产业集团有限公司通过增资和无偿划转股权的方式获得振华国资公司 51% 的股份。2010 年 5 月，振华国资公司正式更名为“贵州中电振华信息产业有限公司”并被纳入中国电子二级企业管理。经过几十年的发展，公司已成为我国军工电子信息龙头企业（见图 1）。

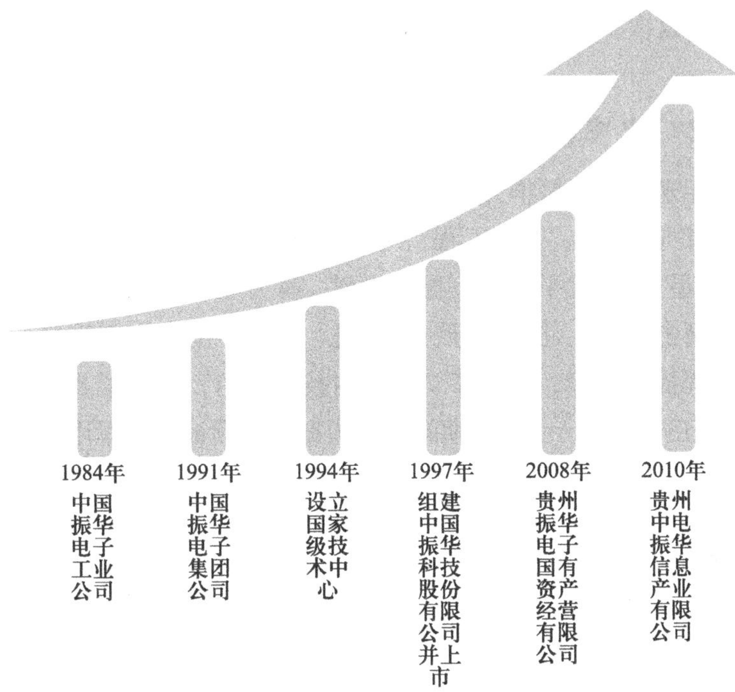

图1　中电振华成长史

2010年1月22日，中国电子与贵州省国资委签署了《中国电子增资扩股重组贵州振华协议》。中国电子通过对贵州振华增资7亿元获得贵州振华39.59%的股份，同时贵州省国资委承诺将无偿划转贵州振华11.41%的股份，保证集团公司持有重组后贵州振华51%的股份。中国电子是全国著名的IT企业，本身就是一个巨大的市场，可以给振华提供市场支撑。另外，在技术、研发、行业发展方面可以提供前瞻性指导。管理上也有很多值得借鉴的地方，尤其是在资源整合、精细化管理方面。在人才方面，中国电子也将给予振华更多的指导、帮助和支持。总之，对于振华来说，重组后可以借助中国电子在技术、人才、市场、管理和产业平台方面的优势，进一步提升竞争力，尽快实现打造百亿元企业集团的战略目标。更为重要的是，可以依托中国电子作为信息产业国家队的地位，进一步拓宽军工科研领域的市场渠道，扩大民品的发展空间。对于中国电

子来说，这次重组可以完善产业链，拓展其产业区域布局。

1.2 中电振华的军功章

多年来，中国振华为国家重点工程和国防建设做出了重要贡献：参加了集成电路、“331 工程”等大会战，先后为“东方红一号”、“两弹一星”、南太平洋水下导弹发射、探月工程、东风系列、红旗系列、鹰击系列、北斗二号、四代机、大运、南风工程等绝大多数重点工程提供保障，填补了 7 项国内技术空白，创造了 8 项国家第一。“十五”和“十一五”期间，中国振华连续被评为军用电子元器件科研生产先进单位，荣立载人航天工程一、二、三等功各 10 余人次、20 余人次、30 余人次；作为高新元器件行业代表单位，中国振华先后参加了“神舟六号”“探月工程嫦娥二号”和“神九”庆功大会，受到了党和国家领导人的接见。

中电振华拥有独资和控股生产经营企业 38 户，分布在贵州、深圳、上海，在岗职工 11000 余人，总资产 68 亿元。中电振华主要生产企业、主要产品生产线集中在贵阳振华科技工业园，园区占地面积 1000 亩，成为中电振华的生产经营中心；窗口企业向深圳振华科技工业园集中，该园区正成为中电振华的市场、信息、技术研发中心，并逐步形成内地企业和沿海窗口企业优势互补的良好格局。“十二五”期间，中电振华充分发挥中国电子、中电振华的产业链、品牌、资本、渠道和军工等优势，抓住“两化融合”和战略性新兴产业发展的历史机遇，实施“突出主业，跨越发展”的发展战略。一方面，公司实际控制人中国电子集团以及振华集团、中电振华旗下具有协同性和关联性的业务后期都有望整合进入上市公司；另一方面，作为国家级技术中心，公司还积极与国内其他科研院所合作，积极寻求外延式扩张。目前，很多企业面临成本上升、产能过剩、需求不旺等问题，中电振华也不例外，因此迫切需要利用“互联网+”释放出源源不断的新动能。急剧变化的市场形势也倒逼传统企业主动拥抱互联网，打造从内容到平台、到服务的新模式。“互联网+”潜力无限，当前各种创新创业的生动故事正在大量涌现，大众创业、万众创新的氛围日渐浓厚。面对产业振兴提升工程，中电振华需要更好地发挥互联网在生产要素配置中的优化与集成作用，将互联网的创新成果深度融合于本企业中，提升创新力和生产力，释放经济增长潜力，从而形成在国内电子信息制造业有重要影响力的百亿企业集团。

1.3　中电振华的定心丸

受互联网的影响，企业在进行创新的过程中将产生更多无形资产，且实施创新战略越多，无形资产将越多，这种无形资产也将进一步影响企业的资本结构。企业管理者主要关心的是企业如何在不断变化的外部环境中长期生存与发展，而环境的变化加大了管理者对企业现状和未来状况准确估计的难度，更加大了管理者做出正确决策的难度。中电振华的领导们正是考虑到这一关键点，所以在实施创新战略前，以无形资产占总资产比例的变化为代理变量衡量公司的创新战略，首先研究了创新战略与企业自身资本结构方面的关系。

中电振华临时组建了研究团队，搜集了本公司自1997年上市到2012年的相关财务数据，构建了计量模型进行实证分析，研究指标的定义及说明如表1所示。在研究创新战略对资本结构的影响时，研究团队选取公司规模和资产结构作为控制变量。

表1　变量定义及说明

变量名称	变量符号	变量定义
创新战略	Innovation	无形资产 / 资产总额
资本结构	Lr	负债总额 / 资产总额
公司规模	Size	资产总额的自然对数
资产结构	As	（固定资产 + 存货）/ 资产总额

变量描述性统计如表 2 所示。

表 2　变量描述性统计

	N	极小值	极大值	均值	标准差
无形资产	16	308.6667	1761.9699	1095.4801	427.6460
资产合计	16	128920.2486	370459.0673	254294.2217	74558.5093
负债合计	16	42430.2790	129641.9354	72117.0558	29898.4613
固定资产	16	15817.0025	81239.6554	59745.4174	21078.6461
存货	16	15091.6655	79151.8207	44770.5755	19915.4988
有效的 N	16				

公司创新战略与资本结构的描述性统计如表 3 所示。

表 3　公司创新战略与资本结构的描述性统计

	N	极小值	极大值	均值	标准差
创新战略	16	0.0022	0.0072	0.0045	0.0017
资本结构	16	0.1921	0.3532	0.2810	0.0529
公司规模	16	20.9773	22.0328	21.6118	0.3192
资产结构	16	0.2398	0.4922	0.4012	0.0673
有效的 N	16				

表 4 是公司创新战略与资本结构的相关分析。

表 4　公司创新战略与资本结构的相关分析

	创新战略	资本结构	公司规模	资产结构
创新战略	1.0000	-0.7072**	-0.2531	-0.0500
资本结构	-0.7072**	1.0000	0.0415	-0.2226
公司规模	-0.2531	0.0415	1.0000	0.5954*
资产结构	-0.0500	-0.2226	0.5954*	1.0000

将公司资本结构作为被解释变量，将创新战略作为解释变量，将公司规模和资产结构作为控制变量，设定创新战略对公司资本结构影响的计量分析模型为：

$$Lr_t=\alpha+\beta_1 Innovation_t+\beta_2 Size_t+\beta_3 As_t$$

采用最小二乘估计法，其估计结果如表 5 所示。

表 5　模型回归结果

模型	非标准化系数		标准系数	t	Sig.	共线性统计量	
	B	标准误差				容差	VIF
（常量）	0.3851	0.8460		0.4552	0.6571		
创新战略	-21.8375	6.0456	-0.7152	-3.6121	0.0036	0.9203	1.0867
创新规模	0.0037	0.0408	0.0221	0.0899	0.9299	0.5955	1.6792
资产结构	-0.2133	0.1873	-0.2715	-1.1389	0.2770	0.6347	1.5756

从估计结果可以看出，创新战略对资本结构的影响较显著。中电振华创新战略与资本结构的函数关系表达式为：

$$Lr_t=0.3851-21.8375Innovation_t+0.0037Size_t-0.2133As_t$$

其中，R2=0.5671，F=5.2402，D·W=0.9363，S·E=0.03889。

从模型的回归结果来看，F 值（5.2402）> F0.05（4–1，17–4）= 3.41，通过 5% 的显著性检验，拟合优度 R2=0.5671，说明模型拟合结果较好；创新战略（Innovation）变量的 t 值（–3.6121）< t0.025（17–4）=2.1604，通过 1% 的显著性检验。从以上分析结果可以看出，中电振华创新战略对资本结构的影响显著，且创新战略与资本结构负相关，即当创新投入（创新战略）提高 1 个百分点，会导致公司负债减少 21.8375%。这说明在未来的公司经营管理中，采用较低的财务杠杆有利于公司创新战略的实施。研究小组通过以上实证分析得出结论：中电振华如果保持创新战略，其资本结构中的负债比例就应较低，这就意味着公司应该拥有较高的财务弹性（即较低的财

务杠杆）。

这样的研究结论无疑给中电振华的领导们吃了一颗定心丸，从而更加放心大胆地开展创新战略。基于中国互联网行业的发展，业内人士认为互联网行业变革或者创新主要是围绕用户需求（管理）、科技和商业模式三个方面（见图 2）展开的，因此领导们通过研究打算从这三个方面着手，为迎接互联网带来的机遇做好充足的准备。

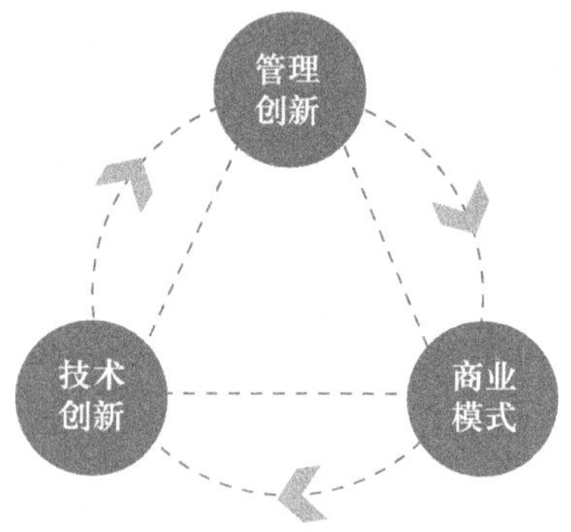

图 2　互联网行业的关键要素

2　开拓管理创新

2.1　管理层内生外延

振华科技是中国电子集团（CEC）旗下子公司，是国内重要的军工高新电子平台。公司于 2013 年调整经营思路并任命了新的集团领导，确定了围绕核心产业发展做“加减法”的战略，即通过做“加法”把具有优势的核心业务如军工元器件业务和新能源业务做大做强，通过做“减法”逐步清退非核心的业务，从而有助于公司减少亏损源，摆脱年亏损约数千万元的历史包袱，优化产业结构。

2.2　精益六西格玛文化

六西格玛是一种改善企业质量流程管理的技术，其以“零缺陷”的完美商业追求，带动质量成本的大幅度降低，最终实现财务成效的提升与企业竞争力的突破。中电振华于2010年和2012年分别导入精益六西格玛DMAIC和六西格玛DFSS等先进质量方法，引进了完整的精益六西格玛知识体系。相关管理人员在互联网背景下以及企业精益六西格玛实践的基础上，提出和实践了“集成质量管理”。中电振华通过互联网掌握了海量的信息，可以实现对客户的精细化甚至“一对一”理解。这在一定程度上解决了之前企业在质量管理中缺少数据、事后被动管理的难题，给企业开展基于数据的六西格玛管理提供了数据基础，并且可实现实时质量监测，甚至事前质量预测，进行有预见的积极管理。同时，中电振华导入了知识中心行为（KCA）管理模式，集成了工业工程、约束理论、IT等多种质量管理技术与工具，以有效获取知识并运用于组织、流程和产品之中，不断提升产品和经营质量。另外，通过各种项目形式，实现了精益六西格玛知识的灵活运用，形成了完整的精益六西格玛体系和文化氛围，提升了公司管理能力。

2.3　零库存排忧解难

虽然传统的仓储管理给企业带来了一系列好处，如：可以避免缺货，保障对客户的供应；应对各种意外变化；保证生产与经营过程的连续进行；缩短供货周期；应对产品季节性需求波动；通过价格投机获取利润；等等。但是其弊端也是显而易见的：仓储占用大量资金，增加库存利息支出，为仓储而发生的不动产投资增大等，更有甚者可能会掩盖企业的管理缺陷，不利于责任明确以及提高管理水平。而与此同时，随着生产的发展和竞争的加剧，对企业降低成本的要求越来越迫切，因而“零库存”作为一个新的降低成本和提高管理水平的方式应运而生。实现零库存管理的目的是为了减少社会劳动占用量（主要表现为减少资金占用量）和提高物流运动的

经济效益。中电振华通过实施特定的库存控制策略，同时依靠互联网运营过程中信息的及时性和有效性，运用 EDI 等互联网技术实现了订单的快速处理、数据的实时更新和交换，大大简化了订货过程或存货过程，使企业能及时充分地利用自己的人力和物力资源，实现库存量的最小化，降低库存风险，减少资金占用。

2.4 院士站筑巢引凤

为聚集高端技术人才，发挥院士团队的知识专长，中电振华围绕企业发展急需解决的重大关键技术难题，组织院士团队与企业研发人员联合攻关，为产、学、研的有机结合和研发成果的产业化转移提供坚实基础，为企业培养创新型人才团队和高端技术人才创造条件。中电振华借助“互联网 +”开展资源共享和协同创新，使科技工作形成合力，并整合科技文献、科学数据等科技信息资源，建立科技数据库和科技信息平台，通过互联网提供科技信息服务。经振华集团技术中心、雅光公司和电子科技大学共同努力，在贵州省、贵阳市、高新区的支持下，雅光公司与电子科技大学在成都举行“贵州雅光电子科技股份有限公司新型功率半导体材料与器件院士工作站”合作组建签约仪式，中国工程院院士、电子薄膜与集成器件国家重点实验室主任李言荣教授成为雅光院士工作站进站院士，这标志着振华集团首家院士工作站正式成立。

按照合作协议，双方将以雅光公司的研发团队为基础，以院士科研团队为技术支撑，以院士工作站为平台，以新型功率半导体材料及器件、新型汽车传感器等技术领域的合作研发为核心，共同开展产业及企业发展战略研究咨询、企业技术指导、项目研发、高层次人才培养等合作，在突出企业创新主体地位的同时，将院士工作站打造成产学研合作的技术集聚地与成果转化基地，打造成培养、吸引人才的优势平台，推动人才、技术、信息等创新要素向企业转移，突破产品关键核心技术瓶颈，助推企业发展和转型升级。

3　带动科技创新

随着供给侧结构性改革的推进，以信息技术为主导的“双创”经济在国民经济中的地位越来越重要，经济社会的发展重心正在逐步转移到信息科技创新上来，科技创新将成为未来社会越来越重要的核心驱动力。中电振华顺应新兴的“互联网+”趋势，利用互联网发展所带来的机遇进行结构调整和产业转型升级，推动“互联网+科技”发展，带动行业进行科技创新。科技创新方向如图3所示。

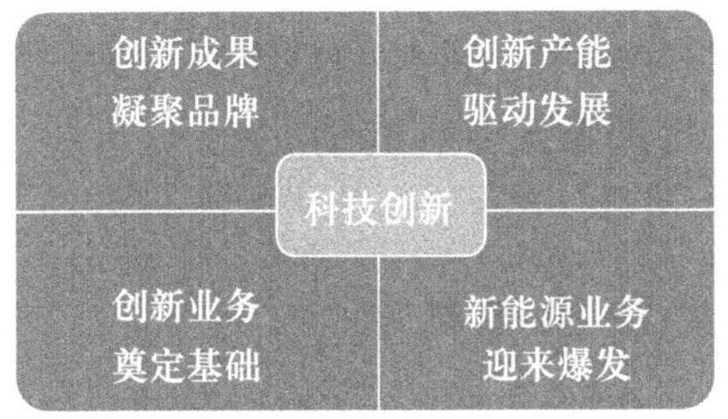

图3　科技创新方向

3.1　创新成果凝聚品牌

推动“互联网+知识产权”发展。知识产权是科技创新成果最重要的体现，知识产权主管部门要用互联网思维做好知识产权创造、运用、保护、管理和服务工作。多年来，中电振华结合企业自身发展，不断加大科技研发投入，积极开展自主创新，鼓励原始创新、集成创新、引进消化吸收再创新和科技成果的转化应用，促进科学研究、技术开发与企业经济发展密切结合，加大知识产权的创造和保护力度，推动科技创新成果的知识产权化及知识产权的成果产业化，全面提升企业核心竞争力，充分发挥科技进步的支撑和导向作用。

公司总计拥有专利281项（其中，国际发明专利2项，国内发明专利40项，实用新型专利237项，外观设计专利2项），软件著作权2项。拥有高新技术企业15户，拥有国家级企业技术中心

1个、省级企业技术中心12个、省级“创新型企业”5家、贵阳市级“创新型企业”5家、省级工程技术研究中心1个以及贵阳市工程技术研究中心14个。2013年11月11日，国家知识产权局召开第十五届中国专利奖颁奖大会，大会对20项发明专利、实用新型专利授予专利金奖，对336项发明专利、实用新型专利授予优秀奖，对53项外观设计专利授予外观设计优秀奖。中电振华所属贵州振华新材料有限公司、深圳市振华新材料股份有限公司拥有的“多晶钴镍锰三元正极材料及其制备方法、二次锂离子电池”发明专利，经贵州省知识产权局推荐，被授予中国专利优秀奖，这是该专利继得到2012年贵州省科学技术二等奖和贵州省专利金奖后再获殊荣，也是中电振华首次获得国家级专利奖励。

3.2 创新产能驱动发展

中电振华借助互联网发展平台不断完善质量管理体系，提高试验平台水平，使新型电子元件的研发、生产和试验、检测技术等走上系列化、标准化、规范化、通用化的轨道，进一步加速了新型片式电子元件的研发和科技成果转化。公司以西部大开发为契机，积极建设综合配套能力强大的系列化、规模化、国际化的新型电子元器件基地。公司已建成一条年生产能力8亿支的片式钽电容器生产线，一条年生产能力100亿支的片式电阻器生产线，一条年生产能力10亿支的片式二、三极管生产线，一条年生产能力50亿支的片式电感器生产线，一条年生产能力20万只的真空灭弧室生产线；电子元器件产品品种、型号迅速增加，2010年，电子元器件产业实现产值9.1亿元；微型继电器、集成电器等的生产能力也得到极大提升。

中电振华在通信终端生产管理上积累了丰富的经验，形成了良好的品质意识，在多个方面具备比较竞争优势。目前已具备GSM手机年产1000万台的能力，建立并拥有移动通信领域完整的产业链与价值链体系，率先实现规模化采购、自动化生产、统一集中式管理、一站式作业的整体产业格局。2010 年，通信终端产量超 1000 万部，其中手机产量超过 850 万部。

3.3　创新业务奠定基础

振华科技在军工制造领域具有数十年的积累，其军工电子元器件业务渗透能力极强。股东振华集团 2014 年向振华科技注入企业红云电子、华联电子和群英电子，一方面拓宽了公司军用元器件的产品范围，加入了航天继电器等具有高技术含量的军用高新电子；另一方面公司将整合红云电子和新云电子，集中电容行业的设备资源和技术优势。高新电子业务包括片式钽电容（新云电子）、片式电阻（云科电子）以及片式电感（振华富电子），是公司的核心业务及主要利润来源。2008—2013 年，公司该块业务的净利润由 7000 万元增长至 1.3 亿元，5 年复合增速达 13%（见图 4）。

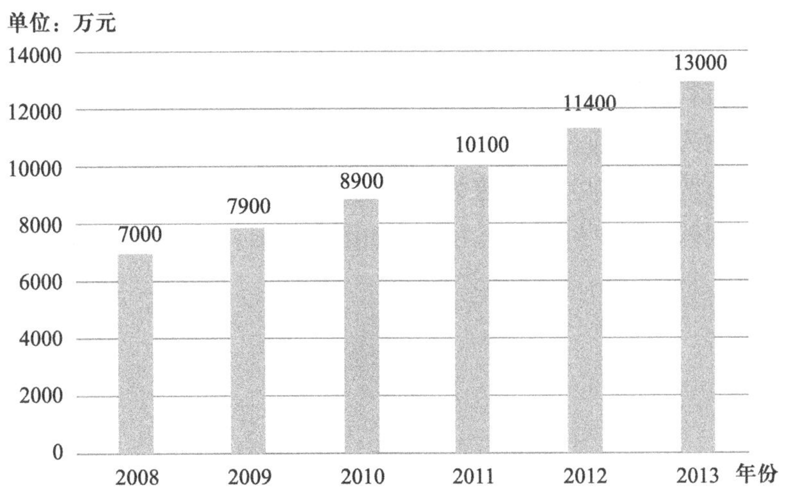

图 4　2008—2013 年公司净利润

3.4　新能源业务迎来爆发

在核心业务即高新电子业务与新能源业务双轮驱动下，重组后的

贵州振华将电池新材料作为新的业务增长点，利用其具有自主知识产权的锂离子电池正极材料技术，以圆柱和软包装聚合物锂离子电池电芯生产作为起点，推出动力电池，以取代用于电动自行车和摩托车的铅酸电池。同时根据市场需要研究开发 100Ah 以上的动力电池，并分步推出以正极材料为基础的动力电池产品。项目计划总投资约 6.4 亿元，拟利用 3 年时间，形成正极材料 5000 吨 / 年、动力电池 6 亿 Ah/年的生产能力。新能源公司已于 2014 年 9 月获得三级军品保密认证资质，为进入军用动力电池领域打下坚实基础。动力电池系统可广泛用于航母、潜艇、无人机等多个作战平台，需求或达数千亿元。

4　引领商业模式创新

4.1　互联网创新平台

中电振华在 2015 年年初开始针对后台人员开展质量提高、成本节约、流程改进等活动，为公司带来了效益，并且公司将部分效益发给后台人员。通过这样的模式，员工就收到这样一个信号：进行优化、节约等，为公司带来效益，也能为自己带来收益。中电振华的互联网创新主要包括四个方面，如图 5 所示。

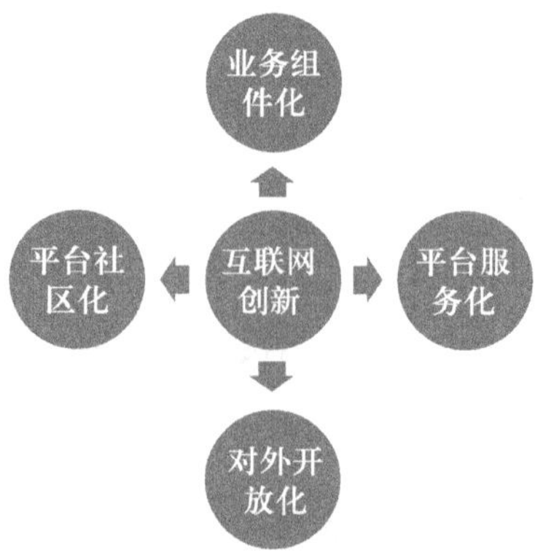

图 5　互联网创新的四个方面

业务组件化：形成中心化的组织结构，每个项目需要企业内的多个部门交织在一起，通过合作来完成。以前一个项目需要由对接人层层上报，并通过各种研讨会来确定，导致效率低下，贻误商机。现在采取的是开放式、业务组件化的组织结构，通过一个个的业务组件，以利润中心为单位，使每个项目都有单独的利润中心直接负责。

平台服务化：每一个利润中心都能单独完成业务，中电振华提供品牌的保证，后台专家级的咨询支持，财务、人事、行政等非核心职能的服务等。中电振华让每一个利润中心在公司这个平台上都能接到业务，有更多的资源可以合理利用。同时还负责项目全生命周期的质量跟踪和客户回访，保证项目的交付质量和客户满意度等。

对外开放化：通过互联网平台实现资源的整合利用和综合开放。这些资源不只是在公司内部可以利用，还可以在行业内进行整合，为行业内其他公司所利用。

平台社区化：实现对内、对外的互联网化，平台内有讨论的空间，能发起一些改进。例如，不同的专家组建不同的社区讨论群，进行自主讨论。

4.2　质量大数据平台

以“互联网+”推进科技模式创新。无论是一家企业、一所高校，还是一个科研机构，其拥有的科技人员数量总是有限的，科技人员的能力往往也是有限的。正因如此，许多企业、高校和科研院所都遇到过单凭自身单位的科技人员无法解决的科技难题。大数据是创新的产物，发展大数据也必然要求创新。目前，贵阳市高新区积极打造大数据“1+N”（“1”为数据中心，“N”为云计算、电子商务、呼叫中心、软件设计与服务外包、大数据金融、大数据安全、端产品制造）产业体系。在“1”方面，高新区高标准建设国家绿色数据中心，有 4 家数据中心企业获批成为国家绿色数据中心试点单

位；在“N”方面，食品安全云、教育云、环保云、社区云、媒体云、电子政务云、智能交通云、医疗云等 20 朵云落户高新区，重点发展电子信息、航空航天、新材料、新能源等现代制造业。依托国家片式元件产业园、国家数字内容产业园等专业园区，中电振华集团等骨干企业成绩斐然。

大风起兮“云”飞扬。中国电子与贵州省签署《共同支持贵州发展大数据产业战略合作框架协议》，以中电振华作为央企和省政府合作的平台，推进信息化和网络安全方面的合作。中国振华建立质量大数据平台，构建出完整的产品质量信息采集、分析、预警系统。质量大数据平台系统应用于产品生产线，解决了人工数据收集准确性较差的问题和抽样数据存在局限性的问题。

4.3 信息安全卫士

在国际形势不稳定的外围环境和国内互联网迅速发展的大背景下，电子信息安全仍存在大量隐患，基础操作系统和底层芯片自主化的进程才刚刚开始。只有核心芯片实现自主可控，真正的信息安全才有可能。中国电子集团大力开拓国际市场，并将战略转型、重组整合、争取资源等工作落到实处。在对振华科技的规划部署上，中国电子集团将其定位为军工信息安全国产化平台。集团提出振华科技未来将围绕国产化替代、高端电子元器件和集成电路发展规划、军工宇高项目及增发募投项目四个方面持续推进工作。

5 优化资本结构，保障实施创新战略

中电振华在实施创新战略的过程中，无形资产增加，导致企业自身资本结构发生了变化，资金运行不畅，严重制约企业的发展。因此，为了保证企业能够成功地实施创新战略，中电振华对企业的资本结构进行了合理的调整。

5.1　充分发挥宏观政策的引导作用

目前，中电振华借助我国对互联网创新的优惠政策加快自身转型，实行现代企业管理制度。建立健全企业资本退出机制，保证自身资本结构中负债的比例，利用互联网金融开展自身资本管理活动，逐步建立起符合市场运作方式的新型银行、企业、互联网关系网。

5.2　树立资本结构战略管理观念，建立资本结构动态优化机制

对于资本结构的管理，中电振华建立起财务预警体系，时时适应环境的变化，采取相应的策略。目前，中电振华根据自己处于上升阶段的现状，采取了以下筹资方式：普通股筹资，具有没有固定的股利负担、没有固定的到期日、风险很小等优点；债券筹资，具有保障普通股股东权益、资金成本较低等优点；银行长期借款筹资，具有筹资速度快、融资弹性大、资金成本低等优点。

5.3　注重公司的成长性

公司规模是影响公司资本结构的因素之一。企业应结合自身规模的大小，合理选择资本的来源。规模较大的企业，其资本结构中负债融资的比例可较高；规模较小的企业，应把重心放在权益融资上。处于成长阶段的企业无疑是需要大量资金的，而权益融资则需要一定的时间间隔，同时处于成长中的企业其价值容易被市场低估。中电振华属于成长性高的企业，又是互联网发展迅速的情况下实施创新战略的企业，因此中电振华从优化股权结构的角度来考虑，以发行可转债的方式来满足自身的融资需求。可转债兼有债权、股权的特性，随着企业的成长，可转债的投资者可将可转债转变为股票，使资本结构进一步优化。

6 结束语

看着送老专家的车子离去，中电振华董事长想着这些老前辈的殷殷嘱托，心里五味杂陈：如今互联网、大数据、云计算等技术给科技型企业带来的不仅是风险，更多的是机遇。面对着纷繁复杂的环境，企业经营管理者难以对企业现状和未来状况进行准确估计，这加大了管理者做出正确决策的难度。车子已经远去，寒风中，他转过身带着思考慢慢走向办公大楼……

一、研究目的

通过本案例的分析，研究者可以了解在互联网背景下创新战略与企业财务杠杆的关系，以及科技型企业应如何安排资本结构以保证创新战略的实施。

二、启发思考题

（1）如何看待中电振华的创新领先战略？

（2）企业如何在互联网背景下进行有效的战略决策？

（3）科技型企业创新战略与资本结构之间是什么关系？资本结构安排不合理会对创新战略带来什么影响？

（4）在互联网的影响下，科技型企业实施创新战略面临哪些挑战？

三、分析思路

首先以中电振华案例切入，分析如何看待中电振华的创新领先战略；其次分析企业如何抓住互联网发展的机遇做出有效的战略决策，以及怎样实施；然后分析中电振华作为科技型企业，其创新战略和资本结构之间的关系以及资本结构不合理会造成的影响；进而分析中电振华在实施创新战略的过程中面临的挑战；最后引出中电振华优化资本结构的对策以保证创新战略的实施。

1. 中电振华的创新领先战略

领先型创新是以重大的发明创造成果或全新的经营管理观念为基础的创新。创新的结果通常是建立起一个全新的市场，创造一个全新的需求空间。由于当前信息产业、互联网产业等以技术为支撑的产业相继实现转型升级，传统科技型企业也必须加速自身的信息化进程以适应当前激烈的竞争环境。中电振华在开展领先型创新时，充分利用互联网的经营管理思维和先进技术，以成果和经营管理两方面为切入点，形成了在芯片产业领域的技术壁垒。

（1）领先型创新有四个显著特征：一是创新背景的综合复杂性，往往需要多种技术的综合才能成功；二是创新过程的长时期性，如一项新药的研制往往需要几年甚至十几年的时间；三是创新过程中的高淘汰率，只有不到 5% 的设想能够成为现实；四是创新的市场接受性难以预测，如可视电话早已出现，但至今仍没有得到市场的广泛认可。

（2）领先型创新的战略对策有：创新前要细致地分析创新的条件；创新的成功离不开全力以赴的投入；领先型创新要找准战略重点。

①创新前要细致地分析创新的条件。这些条件和因素既包括创新知识本身，也包括社会、经济及文化观念等。中电振华通过分析自身的条件以及外界的市场环境，发挥自身的产业链、品牌、资本、渠道和军工等优势，抓住互联网发展的机遇，实施领先型创新战略。

②创新的成功离不开全力以赴的投入。参与领先型创新必须是雄心勃勃的，否则注定要失败。创新者要以在新产业或新市场中取得领导权或支配性地位为目标，并且一开始就要取得这种领先地位。只有这样，创新的行动才能得到极大的回报。

③领先型创新要找准战略重点。领先型创新不偏爱第一个成功者，初期成功后稍有失误就会被别人超过。这就要求重点必须明确，

决不能犹豫不定。企业的变革一般有自上而下的主动性变革和自下而上的被动性变革，中电振华看到当前传统科技型企业发展缓慢、技术落后、管理不足等问题，主动地由领导层开展领先型创新，立足长远，保证企业的持续健康发展。

2. 互联网背景下抓住机遇，进行有效的战略决策

过去时代的企业战略都是在一个静态的商业环境中规划的，战略计划没有受到互联网的影响与扰动，战略在信息不对称的商业环境中总是能够获得优势，如经营战略、定位战略、企业竞争战略等。而在“互联网+”时代，传统企业转型涉及跨界、跨产业链，这个时候，战略必须是动态的基于连接的战略，必须是融合互联网与传统行业的战略。

（1）基于产品、应用、社群的企业战略。传统企业可以通过“互联网+”来提供传统产品与服务，同时进行创新，成为提供传统产品、服务、内容、工具、解决方案与互联网增值服务的“互联网+”企业。

主要有两个发展方向：一个是“传统产业链智能化+互联网优化”的方向，即传统产业运用互联网去优化渠道与制造，互联网是一种提升运营效益的工具，互联网融入传统产业，优化原有产业链；另一个是“互联网主导+传统制造业改造”的方向，就是直接用互联网去整合传统产业资源，以互联网为主导，互联网是一种商业模式，企业通过互联网或电子商务来全面改造原有企业产业链，这是互联网改造传统产业。

（2）基于平台的跨界、整合的企业战略。传统企业在第一个层次的连接战略上如果积累了大量的用户群体，同时形成了一个有凝聚力的社群，那么可以通过“互联网+”连接载体，提供市场供求双方价值交换或业务交易的平台，类似于一个巨大的商业有机体，这时候跨界营销就开始了，其所在行业的同行，或其用户所涉及行业的企业，就面临威胁了。

（3）基于商业生态的“共同进化”的企业战略。商业生态是人类社会中形成的一种社会生态，是指以一个或几个企业为中心，各种不同的组织与个体相互作用、共同影响形成的经济联合体环境。商业生态也叫商业生态圈，形成这个商业生态圈的价值链叫商业生态链。在企业的商业关系构建上，商业生态是继商业模式后的又一次革命。商业模式只是围绕某个行业构建利益相关方的交易结构，而商业生态则可能跨行业、跨产业，并且除了价值交换外，里面的利益相关方还有其他关系。显然，一个企业构建一个成功的商业模式能够在同行业竞争中获得成功，但一个企业构建一个成功的商业生态则能够获得整个行业的垄断霸权，取得巨大的成功。如果一个企业建立起一个围绕其核心价值与商业模式的商业生态链，并通过这个链条构建一个封闭的商业生态圈，那么该企业的发展将是竞争对手无法阻挡的。

3. 注重科技型企业创新战略与资本结构之间的关系

受互联网的影响，企业在进行创新的过程中将产生更多无形资产，实施创新战略越多，无形资产将越多，这种无形资产也将进一步影响企业的资本结构。在案例正文中，基于中电振华 1997 年到 2012 年的相关财务数据构建了计量模型，通过实证分析得出：中电振华创新战略对资本结构的影响显著，且创新战略与资本结构负相关，即当创新投入（创新战略）提高 1 个百分点，会导致公司负债减少 21.8375%。

而且资本结构安排不合理会对创新战略产生负面影响。一是资本结构不合理会影响投资者或管理者对企业经营状况的判断，进而影响企业创新战略的实施。资本结构向外部投资者或管理者传递了有关企业价值的信息，会影响投资决策，投资决策又是企业创新战略实施的主要方向，也是企业创新战略实施成功与否的关键。二是保持合理的资本结构有利于提高企业价值。当总资产息税前利润率大于债务成本率时，企业进行债务融资可以获得财务杠杆收益和节税收益，提高企业价值。创新战略对资本结构的影响显著，且创新战略与资本结构负相关，这说明在公司的经营管理中，采用较低的财务杠杆有利于公司创新战略的实施。

4. 迎接互联网背景下的挑战

从管理层面而言，企业面临管理层、管理方法、人才等方面的挑战；从技术层面而言，企业面临品牌产品变更、产能提高、业务拓展以及新能源开发等方面的挑战；从商业模式而言，企业面临平台化、大数据分析、信息化等方面的挑战，具体如案例正文所述。

5. 中电振华优化资本结构以保证创新战略的实施

在实施创新战略的过程中，无形资产将会有所增加，这必将导致企业自身资本结构发生变化。因此，要保证企业成功实施创新战略，企业的资本结构必须进行合理的调整以适应当前的市场环境变化，否则将资金运行不畅，严重制约企业的发展，从而最终导致企业创新战略的失败。中电振华从以下三个方面来保证创新战略的实施：充分发挥宏观政策的引导作用；树立资本结构战略管理观念，建立资本结构动态优化机制；注重公司的成长性。

四、理论依据及分析

1. 代理理论

企业创新战略本身充满着不确定性，它是一种风险性较高的投资。代理理论认为，寻求更具风险性行为的企业很难从债权人处获得资金支持，而且采用债务融资方式来筹资也是不尽合理的。这主要是因为对于渴望从事更高风险的公司而言，其债务筹资成本可能会很高，高成本主要源于不确定性风险的增加。当不确定性风险增加时，债权人可以索要更高的债务价格，采取更强有力的措施阻止高层管理者将资本投资于风险性高的项目，因此债务融资的使用对于企业实施创新战略而言将是一个障碍。代理理论对现代企业财务管理产生了重大影响，其实际运用主要有以下几个方面（见图A）。

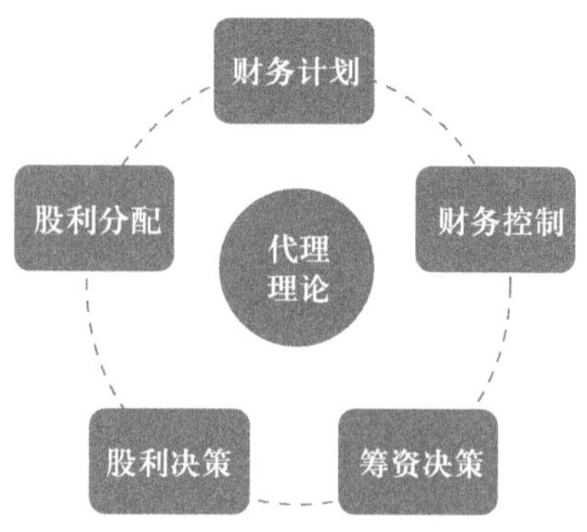

图 A　代理理论的实际应用

（1）财务计划。财务计划分为利润规划和预算编制两部分。通常认为，在预算制定的过程中实行“参与制”，即代理人和委托人以预期效用最大化的姿态参与预算编制工作时，委托人对代理人的努力不能直接进行观察和监督，只能依靠会计信息系统的资料对其业绩进行评价。由于代理人追求自身利益最大化，可能导致“预算松弛”，即预算编制标准较松，代理人很容易完成。避免“预算松弛”唯一有效的办法就是委托人应尽可能地掌握信息，将预算编制建立在一个合理的基础上，从而有效评价代理人的业绩。

（2）财务控制。代理理论运用于财务控制比较成熟的两个领域是差异分析调查和业绩评价。差异分析调查是对预算执行结果同预算之间的差异进行分析。如果差异大，就做具体调查，找出产生差异的原因。代理理论提供了管理人员对差异调查模型的行为反应，说明管理者在什么情况下才进行差异调查。在对代理人进行业绩评价时，即使委托人能对代理人的努力直接进行观察和监督，但如果只根据代理人的可控因素进行业绩评价，那么代理人也会同他决策中的风险脱离开，必然不能使委托人的效用最大化。因此，代理人应分担一些与未来结果有关的风险，这可通过代理人的报酬同实际成果挂钩来实现。

（3）筹资决策。筹资决策是财务管理中最重要的内容之一。企业的资本构成有两个部分，即债务资本和权益资本。最佳资本结构就是使公司总价值最高，同时使资本成本最低。理论上，企业的价值随负债比率的增加而增加。这是因为债务的利息费用在税前列支，负债给企业带来了税额庇护利益。随着负债比率的继续增加，企业破产的可能性（破产成本）也会增加，同时负债比率的增加使企业财务变得复杂。为了保证投资者、债权人和管理者之间协议的履行，发生的代理成本也会增加。代理理论运用于资本结构决策，就是通过建立委托人的目标函数找到最佳资本结构。这个函数包括税额庇护利益、破产成本和代理成本，这三个因素都是负债比率的函数。

（4）股利决策。股利决策的核心问题是股利发放率的确定，即公司把盈利的多少用来派发股利，多少作为留存收益。股利决策往往对公司的股票价格产生重大影响。

（5）股利分配。企业中的股东、债权人、经理人员等诸多利益相关者的目标并非完全一致，在追求自身利益最大化的过程中有可能会牺牲另一方的利益，这种利益冲突关系在公司股利分配决策过程中表现为不同形式的代理成本。

综上所述，代理理论对财务管理的理论体系和实践活动都具有重大的影响。虽然它更多的是进行定性分析，但对我们理解财务管理问题的焦点，做出正确的财务决策都具有现实意义。

2. 六西格玛理论

该理论主要倾向于品质管理，由摩托罗拉于1986年提出。六西格玛强调制定极高的目标、收集数据以及分析结果，通过这些来减少产品和服务的缺陷。六西格玛背后的原理就是如果检测到项目中有多少缺陷，就可以找出如何系统地减少缺陷，使项目尽量完美的方法。案例企业在原有六西格玛管理流程的基础上，将互联网技术融入其中，集成互联网上的各种信息，给企业开展基于数据的六西格玛管理提供了数据基础，并且可实现实时质量监测，甚至事前质量预测，进行有预见的积极管理，提高企业的管理水平。

六西格玛有一套全面而系统的发现、分析、解决问题的方法，这就是 DMAIC 改进方法，DMAIC 的具体意义如图 B 所示。

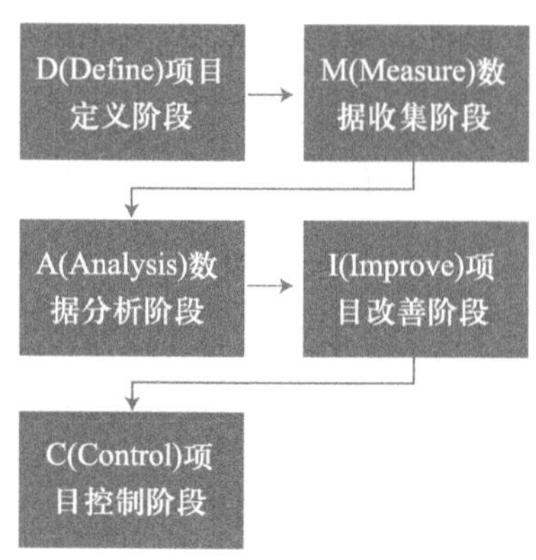

图 B　六西格玛管理流程

3. 战略管理

战略管理是指企业确定其使命，根据组织外部环境和内部条件设定企业的战略目标，为保证目标的正确落实和实现进行谋划，并依靠企业内部能力将这种谋划和决策付诸实施，以及在实施过程中进行控制的一个动态管理过程。企业管理者主要关心企业如何在不断变化的环境中长期生存和发展，而环境的不确定性加大了管理者对现状和未来状况分析判断的难度，更加大了管理者做出正确决策的难度。环境变化越大，企业的现金流就会变得越不稳定，企业面临财务风险的可能性就会加大。这种情况下，外部投资者难以把握企业内部的真实经营状况，难以获得准确的信息，债权人就会提高债务融资的成本，甚至拒绝提供债务资源。因此，当环境变化程度增强时，企业资本结构中负债所占的比例会更低。另外，当企业所面临的环境的变化程度增强时，企业会加强创新以设置进入壁垒，防止竞争对手的模仿。本案例中，中电振华为更好地发挥互联网在生产要素配置中的优化与集成作用，将互联网的创新成果深度融合于本企业中，通过管理创新、科技创新和商业模式创新的推进适应当前竞争环境的变化，从而打造对国内电子信息制造业有重要影响力的百亿企业集团。

五、背景信息

互联网时代的到来给实体经济的发展带来了很大的影响，同时传统企业也面临着劳动力、汇率、能源和资源成本的压力，客观经济形势要求我国经济必须转换原有思维模式，利用互联网发展所带来的机遇进行结构调整、产业转型升级，以应对未来可能发生的市场与行业变化。科技型企业资本结构的安排既受宏观经济因素的影响，又受到企业自身内部运营及创新战略目标等微观层面的影响。在不确定的环境下，科技型公司这样一种特殊企业如何实施创新战略，如何安排资本结构以匹配其战略目标，显得非常重要。

六、关键要点

本案例分析的要点在于在互联网背景下如何协调创新战略与资本结构的关系，运用模型预测未来中电振华创新战略实施的资本结构，并提出创新战略实施及资本保障策略。

案例三

超市发：打造互联网 + 生鲜农产品物流运营体系 *

摘要：随着国家经济增速的放缓、电子商务的迅速崛起以及同行业竞争的不断加剧，超市发的经营受到了前所未有的冲击和挑战，销售收入出现下降。本案例中，超市发公司面对“互联网 +”，对自身以及市场环境进行分析，根据自身情况做出相应的改进，包括生鲜农产品物流运营过程中的沟通合作体系、技术管理体系、信息管理体系以及品牌管理体系等方面的建设，从而为我国生鲜农产品的物流运营提供了可鉴之处。

关键词：物流运营；“互联网 +”；生鲜农产品

---

*1. 本案例由陆琳、姬胜杰、王增庆撰写，作者拥有著作权中的署名权、修改权、改编权。

2. 本案例授权中国管理案例共享中心使用，中国管理案例共享中心享有复制权、修改权、发表权、发行权、信息网络传播权、改编权、汇编权和翻译权。

3. 由于企业保密的要求，在本案例中对有关名称、数据等做了必要的掩饰性处理。

4. 本案例只供研究分析之用，并无意暗示或说明某种管理行为是否有效。

超市发是北京市国有连锁商业股份有限公司，已在全国范围内建立 80 余家农超对接基地，拥有 74 家直接签约的生鲜商品采购基地。超市发筛选了北京 10 个区县的 18 家专业合作社、采购基地、农户签署了农产品溯源定点采购协议。有关数据显示，2011 年超市发销售收入达到 38 亿元，同比增长 15%，各类业务都呈现出持续增长的态势。然而看似一帆风顺的发展，其实却暗藏危机，2012 年超市发销售收入下降 5.45%，营业利润减少。营业利润首次出现下降，这对超市发来说太突然了，甚至说有点不可思议。“民以食为天”，超市发又是主营生鲜农产品的企业，销售收入怎么会下降呢？据业内人士分析：“生鲜农产品的发展前景固然很好，然而容易受到外界因素的影响，比如政府政策、互联网冲击、物流运营技术的先进程度等。在经济增速放缓的环境下，同行业竞争日趋激烈，此时如何降低自身运营成本，才是竞争制胜的关键要素。另外，超市发应通过发挥自己的优势来把握市场机遇，比如利用自己广泛的‘农超对接’平台建立电子商务销售体系等。”

1 销售危机，刻不容缓

超市发的年度总结报表显示，超市发在 2011 年之前的销售收入增长率一直维持在 10.39% 左右，然而 2012 年的季度统计数据显示，上半年的销售收入较 2011 年同期有所降低，预期销售收入将会在下半年增长起来，因为下半年是秋冬季，生鲜农产品需求量往往都会增长较快。没想到，数据结果得出下半年的销售量比 2011 年同期少得更多，以至于全年的销售额比 2011 年下降了 5.45%。由于过去十年间从未下降这么多，因此这次销售额下降让公司各部门都有些吃惊。虽然 2008 年美国次贷危机引起的国际金融危机对我国产生了一定的影响，国家经济增长放缓，国内生鲜农产品竞争激烈，但超市发的销售收入还是保持着较高的增长率，为什么这次竟然落后了？公司非常重视，总经理要求开一个茶话会，让公司管理层对此进行分析，并要求管理层全面地分析市场环境以及公司自身问题，制定适合公司的体系和机制，从而在当前的竞争环境下充分发挥公司"农超对接"的优势，带动农村区域经济发展，最大限度地降低物流运营成本，保证公司的稳定与发展。

2 知彼知己，百战不殆

公司各部门的负责人相继来到会议室，虽说是茶话会，但是对公司各部门的负责人来说却不是那么轻松，因为这次跟之前的茶话会不同，其实是一次自我检讨会，气氛当然不如之前。总经理看大家都很拘谨，就开口说道："金无足赤，人无完人。胜败乃兵家常事！在哪里跌倒就在哪里爬起来，大家不用有所顾虑。及时找出问题，及时解决才能焕然一新。"秘书小陈跟市场部最熟，说："既然说要找企业失利的原因，首先得从市场入手，分析企业所面临的市场环境，发现威胁和机遇，然后再找出自身有哪些优势没有发挥出来，以及有哪些不足，这样内外结合才能有所转变。那要分析市场环境，市场部的张经理最为熟悉，请他先讲讲吧。"

张经理体会到小陈的用意，于是就先谈起来："那行，我就先谈谈我们的分析结果吧。自从公司业绩下滑后，我们部门就采取行动找原因。先通过我们的一些客户进行随机的了解，掌握他们主要的需求动向和购买商品时对超市的选择，然后与上游供应商进行深入交流，了解他们的供货渠道以及优惠政策，同时在市场上随机发放调查问卷，并结合官网上的数据资料进行统计分析。由于时间有限，因此在调查的范围和问题的分析方面可能不够全面。我们对市场环境的分析分为两个部分：第一部分是行业环境分析；第二部分是竞争环境分析。首先我讲述一下行业环境，之前我们也提到过国内经济增速放缓，导致消费者财力紧张，进而使零售业消费能力下降。2013 年 8 月前，国内消费品零售额同比增长 12.1%，但相对于 2012 年同期下降了 0.7%。大型零售企业的销售状况也不容乐观，与同期相比增长 9.7%，低于社会总体增长率，而之前的几年，实体零售业的零售总额一直处于高速增长状态。另外，互联网发展速度之快，真是令人咋舌。尤其以阿里巴巴为首的电商平台如火如荼地发展，而实体门店则一度受到冲击，导致'门庭冷落'。电子商务的快速发展使得很多消费者由超市转向网上商城，2013 年底，国内零售业出现较大比例的关店风波，调查数据显示，2013 年全年，实体零售店关闭近四十家，较 2012 年增加二十几家，关店增长率达到历史最高水平。而公司在电子商务方面是落后的，我们有广阔的'农超对接'平台，完全可以借助这一优势实现电商生鲜销售，增加市场占有率。"

总经理思考了一会儿，点点头示意张经理继续。他继续说道："还有就是竞争环境。目前消费市场疲软，销售额下降，空间变小，而公司自己能做的就是降低成本。我们是做生鲜农产品的，成本主要就在物流运营过程中，因此我们的主要精力应放在如何降低物流运营成本上。我先介绍一下目前国内生鲜物流的发展，其主要表现在以下几个方面。

（1）鲜活农产品物流涉及面广、量大。鲜活农产品物流实质上由农业生产资料和产成品组成，其中包括种子、饲料、化肥、塑料薄膜等农用投入和农业机具，以及城镇化转型形势下的种植业、养殖业、畜牧业产业框架，节点繁多，结构复杂。目前主要的消费方式为鲜食鲜销型，在离散的农超对接过程中要符合消费者随时随地购买的需求，从而让鲜活农产品物流在定性和定量上承担了过重的压力。

（2）鲜活农产品物流发展迅速。农民将一些鲜活农产品自用，将其他大多数作为商品出售，使鲜活农产品物流规模空前。目前，主要的出口市场为日本、欧盟、美国和中国香港等地。

（3）鲜活农产品物流产业在地方经济发展中的占有率逐渐提高，在地区经济发展中的地位已经不容小视，对提高农民收入、优化分配农村剩余劳动力等产生了极大的影响。

（4）中国鲜活农产品流通离不开批发市场。相关资料显示，现阶段中国的农产品批发市场有 5000 多个，规模较大的批发市场有 3000 多个，批发市场交易量占鲜活农产品总流通量的 85%，批发市场是鲜活农产品物流和商流的主要载体。

近几年，美国的沃尔玛、韩国的乐天、法国的家乐福等国外连锁超市以及中国台湾的大润发、中国香港的华润万家等超市相继进入，给北京当地的连锁超市带来了不小的冲击，也使得竞争更加激烈。他们拥有先进的农业物流技术和管理手段，以及标准化的基础设施，这些都是我们所不具备的优势。我们看屏幕上这些数据，就知道公司的物流成本有多高了（见表 1）。如果我们能将果蔬损耗率降下来，那么成本不就降低了吗？这样在同行业竞争中，我们不就能站住脚了吗？”

表 1　中美两国农业投资结构

比较项目	美国	中国
果蔬农产品损耗率	1% ～ 2%	25% ～ 30%
产中投资比例	30%	80%
产后投资比例	70%	20%
加工前后增值比	1 ∶ 3.8	1 ∶ 1.8

这似乎说到了总经理的心坎里，他有点坐不住了，说：“的确是啊，没想到国内生鲜的损耗率竟然这么高，难怪菜价高。我们必须自己想办法，不能让老百姓花冤枉钱。”

小刘看气氛不是那么紧张了，就从容地谈起来：“刚才张经理讲的是外部市场环境的现状。关于超市本身的问题，由我来讲吧。我们分几个小组对国内一些超市，包括超市发本身的生鲜农产品进行了跟踪调查，以下是我们的调查结果。中国鲜活农产品物流涉及生产、收购、流通加工、装卸、搬运、包装、配送、销售等一系列环节，而正是这么多的环节产生的差异导致国内生鲜物流发展缓慢，同时制约了农业产业化发展、农民增收、农产品增值。其中主要的问题表现为以下几点。①对农产品物流不重视。近年来，农产品的总量难以达到预计的要求，因此大大影响了生产、生活所需。针对这一供给问题，增加农产品生产成为国家重要的发展指标，而流通产业在很长时间内被忽视，鲜活农产品物流一直没有形成完整的环节链。②物流过程损耗高，物流基础设施投入不足。中国物流设施和装备不够规范化，保鲜储藏专用技术设备总量严重不足，鲜活农产品物流设施、设备方面一直没有明显的发展。相关资料显示，目前中国汽车运输 70% 是敞篷卡车，只有 30% 是密封式厢式汽车，对鲜活农产品的有效保护没有给予应有的重视。③农产品物流成本偏高。我国农业的规模庞大，但是农村的生产模式仍然停留在以家庭为生产单位，因此农业生产资料和农产品的物流需求日益提高，但是供应严重不均，物流成本庞大。农业生产和农产品流通过程中物流成本的缩减，对提高农民收入具有很大的影响。我们掌握的资料显示，中国物流成本一般占总成本的三到四成，鲜活农产品物流成本则占到六成以上。但是世界发达国家的物流成本一般占产品总成本的一成左右。与美国、加拿大以及欧盟国家有些农产品的到岸价相比，中国农产品的产价均很低廉，但在储存、运输、加工和销售等环节中的物流成本太高。再有就是市场占有率低，物流专业人才缺乏，质量标准不完善，等等。”

总经理感慨地说道：“是啊，咱们国家的农产品物流一直以来问题就很多，不仅影响到农业的发展，也影响到我们这些做生鲜农产品生意的公司。看来物流这块是未来发展的重中之重啊。”

小刘：“那是啊，可话说回来，病症相似，病因不同，治之宜殊，公司也有自身的问题啊。公司现在有 120 家门店，在全国建立了

70 余家采购基地以减少中间环节，降低采购成本和销售价格，其中在北京筛选了 18 家专业合作社、采购基地，在保证产地正宗、质量放心、量大从优的同时，形成了产销互有保证、互利双赢的良好合作局面，但在超市面向‘农超对接’采购生鲜农产品的过程中出现了一些问题。我私下经常与不同部门的基层人员进行交流，一方面是促进部门间的沟通，另一方面是为了发现问题并及时解决。在与多个部门进行交流的过程中，我针对每个部门出现的问题进行了归纳总结。首先，市场部对市场的研究不够，市场意识薄弱，缺乏危机意识，在市场已经暴露出相关信号时，没有做出及时的预测及准备，因此在面临危机时不容易拿出应对的策略。其次，销售部的创新能力不够，在电商发展如此之快的时代，没有及时发现电商给生鲜农产品带来的机遇，还只是单一地进行实体店的销售，同时缺乏对网络信息平台的灵活运用，导致一步落后，步步落后。再次，采购部与农户的合作机制不完善，造成农户与超市间的冲突和违约现象层出不穷，使得双方的利益得不到有效保证。同时技术部对生鲜农产品的保鲜措施单一，而且做得不够完善，导致公司的损耗率居高不下。最后，没有发挥自身优势。超市发在北京有较好的‘农超对接’经营模式，而当前电商平台生鲜农产品销售就是发挥‘农超对接’运输环节短、损耗率低的优势，开展 O2O 在线营业模式，即线上销售、线下体验，满足客户足不出户即可享受新鲜果蔬生鲜的需求。”

总经理率先鼓掌，说：“好啊，你们两个分析得不错，问题说得很到位，特别是在生鲜电商这块，公司的确有所欠缺。但是光找到问题还不行，还得有具体的解决方案，下面我来部署一下。各部门根据小刘分析出来的问题，结合市场部的环境分析，制定出适合公司的解决方案。至于生鲜电商这块，市场部先去考察一下其他做得成功的生鲜电商企业再做打算。今天的茶话会先到这儿，两周后方案做出来就下发给各部门。”

3　抽丝剥茧，步步为赢

两周后在公司例会上，总经理将方案分发给大家。根据上次分析出来的市场环境及超市自身的问题，具体的改进方案如下。

第一，市场部由张经理负责，充分运用“互联网＋”中的大数据，增加网络硬件模块，实现用户远程操控、数据自动采集分析，进而对生鲜农产品的采购、运输、销售三个主要环节实时监控，并对相关数据进行分析。同时公司对物联网中各个节点的物流、信息流、资金流等信息进行全面的整合，及时了解市场动态，掌握一手资料，以应对市场突变带来的不利影响。另外，由市场部定期做出总结报告，整理出对将来一个月或者几个月的市场预测，从而提高公司对市场的应变能力，提高危机意识。

第二，采购部对“农超对接”生鲜农产品的物流沟通合作体系进行完善。

（1）发挥供应链核心企业的主导作用。超市发公司作为领头人，以市场趋势为导向，以农户、专业合作社和园区为本源，以信息技术为后盾，为农户优质生产提供可靠保障，同时为超市发快速销售奠定基础。超市发带领农户搭建园区，保证各生产农户之间彼此相连，点汇成片；为农户争取优惠政策，向农户提供免费的技术教学服务；加强农户的品质意识，对采购的生鲜农产品必须严格挑选，分级处理，统一标准包装。

（2）创建公平、有效的资源配置机制。公司在鲜活农产品采购过程中，采用“利润返还”的形式，为农业生产者保留合理的利润空间。超市发和农民专业合作组织签订采购合同，确定农户供应农产品的数量、质量、价格和折扣标准。在一定期限后，超市发对农产品按合同的规定以市场价或保护价全部收购，并按农户所提供农产品的数量合理返还利润。公司确保在供应商与超市、供应商与供应商之间建立持久的合作，真正促进生鲜农产品供应链的完善。

（3）创建完善的冲突处理机制。超市发在与农户签订合同时需考虑供应链上各主体的共生关系。超市发通过与农户签订合同来建立相互信任的关系，当合同未规定的偶然事件出现时，各方可通过协商解决，在下一次签订新合同时，再把协商内容在新合同中正式化。这样随着时间的推移，可使超市发与生产基地、农民合作组织、批发商之间的合作机制不断完善。各主体之间签订合同时应规定违约惩罚措施，以加大欺骗和逃逸的成本，稳定供应链的合作关系，促进生鲜农产品供应链的有效运转。生鲜农产品供应链中的信任机制如图 1 所示。

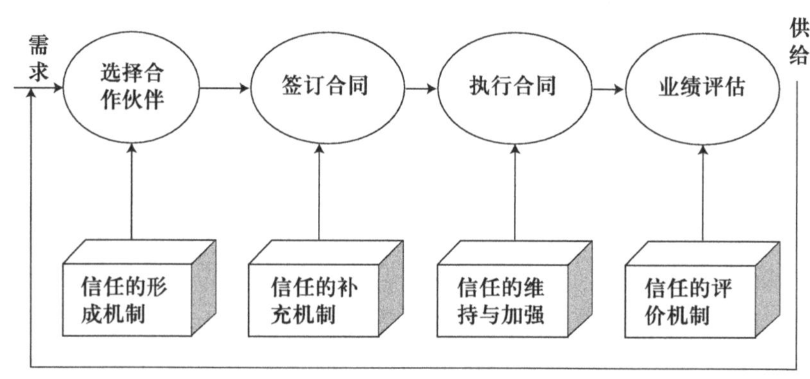

图 1　生鲜农产品供应链中的信任机制

这种信任机制是超市发维持与上游企业关系的重要保证和依据。首先开端是需求，有了需求就去找合作伙伴，形成初步的信任机制；然后签订合同，在此基础上对机制不完善的地方进行补充；之后就开始执行合同，加强这种信任机制；接着进行业绩评估，同时也是对信任机制的评估；最后供给到消费者手中。

第三，技术部增加对基础设施的资金投入，进一步加强保鲜技术的应用。超市鲜活农产品物流运营的技术体系，同时也是控制鲜活农产品温度条件的尺度和根源。一站式冷链物流技术是确保农产品始终处于规定的低温环境，以保证农产品质量、减少损耗的一项系统工程。它由冷冻加工、冷冻贮藏、冷藏运输及配送、冷冻销售四方面构成。超市发主要采用冷藏车和冷库两大硬件设施确保易腐、生鲜食品在加工、运输和销售过程中保值增值。

（1）农产品保鲜技术。农产品保鲜技术是指针对不同农产品的恰当的制冷方法。通过该技术，可以减少生鲜易腐农产品在采购、运输和销售各环节中的损耗，最大限度地延长食品的保藏期限。公司采用的农产品保鲜技术有以下几种。①紫外线照射保鲜。紫外线既有杀菌作用，又可起到诱发农产品抗病的作用。紫外光毒物兴奋效应的原理是诱导采摘后的果蔬抵抗腐烂的能力，推迟晚熟过程而延长货架寿命。②超高压杀菌。液体在高压作用下被压缩，物质的高分子结构中的非共价键结构发生变化，使农产品产生新物料改性和理化反应，易于长期保存且不变质。③气调贮藏保鲜。将农产品控制在适宜的温度下，并改变冷藏环境中的气体成分，因为好氧性微生物在低氧环境下，生长繁殖受到抑制，从而可以达到延长贮藏期的目的。④抗生酶杀菌。即抑制细菌细胞壁的合成，与细胞膜相互作用，干扰蛋白质的合成以及抑制核酸的转录和复制。该技术主要用于乳制品、肉制品及果蔬制品的保鲜。

（2）冷却冻结技术。冷却冻结技术是指使用冷却装置将农产品的温度下降到某一合适温度，使农产品在流通过程中达到长期保存效果的技术。超市发将这种技术运用到运输车中，保证生鲜农产品在运输过程中时刻新鲜。

第四，销售部及时掌握物流信息，保证高质量的信息传递和信息共享，从而促进生鲜农产品销售量的稳步增长。第三方物流企业广泛使用各类超前的信息技术，如 RFID、GIS、GPS，创建动态的物流信息共享机制，完成鲜活农产品物流环节中的信息交流、传送及反馈功能。超市发可以整合已有的专业仓库管理系统、订单管理系统以及车辆管理系统，通过 EDI 等技术实现与供应链上下游企业

的 ERP、SAP 等系统的对接，创建鲜活农产品物流公共信息平台，将生产企业对原材料的需求和经销商对鲜活农产品的需求结合起来，为各环节部门提供及时、准确的信息，最终实现整个鲜活农产品物流作业信息交换的实时化和网络化。

另外，针对竞争激烈的外部环境，改进措施主要有两点。一是提高品牌知名度。超市发要建立和完善自己的生鲜农产品物流运营品牌，主要有三点：①将服务提升到品牌哲学的高度；②明确企业竞争战略，根据行业竞争环境，确立自己的核心竞争力；③加强企业品牌形象维护工作。应根据自身情况和发展目标，制定一套标准化的管理体系，通过加强内部沟通，使组织结构扁平化、信息化。超市发要成为行业范本，不仅要在硬件服务和地域优势上下功夫，更要在市场的营销能力和服务品质上下功夫，这两方面都凸显了企业品牌形象的号召力。

二是发展 O2O 电子商务销售形式。电子商务发展如此迅速，所以公司也要在这一领域积极筹划。市场部派专人到一些经营生鲜农产品的电子商务公司进行了考察调研，掌握了一些资料。以九合菜篮为例，它于 2014 年 8 月正式上线，号称“郑州生鲜第一站”，是郑州本地的生鲜 O2O 平台，即线上销售、线下体验的电子商务销售形式。上线 11 个月后，九合菜篮在郑州三环以内的配送网点数达 20 个，实现了今日订货次日送达，注册用户超过 7 万，峰值订单超过 6000 单。九合菜篮同样也是采用“农超对接”的物流经营模式，在郑州市区周边建立农业合作基地，根据订单量在基地进行由农田到运输车的直接采购，并在冷库中进行订单的分配，从而实现了次日送达的快速送货模式。在业务模式上，九合菜篮搭建了以菜篮网、门店网及物流网为三大核心的物联网模式，以菜篮网为平台入口，以 C2B 预售为基础，通过 PC 端及移动端下单，实现按需采购，保证零库存，既降低仓储成本，又保证食材新鲜。超市发打算根据北京市的具体情况，在九合菜篮网的基础上实现更快速的配送，预计

在北京市区实现 2 小时送达的高效送货速度，目前策划部正在筹划这部分内容。

4　转危为安，信心满满

超市发年度报告数据显示，2012 年超市发的营业收入下降 5.45%，销售利润增长率出现首次回落。公司管理层通过茶话会对企业所面临的内外部环境进行了分析，找出问题的关键在于国内经济增长放缓导致行业消费疲软，国外大型超市在货损层面的优势对本土超市形成了挑战，基础物流设施技术层面的不足导致物流成本过高，以及互联网发展迅速对实体门店产生了冲击。超市发针对这些问题制定了相应的战略规划。

首先，充分运用“互联网 +”中的大数据，增加网络硬件模块，实现用户远程操控、数据自动采集分析，进而对生鲜农产品的采购、运输、销售三个主要环节实时监控，并对相关数据进行分析。同时公司对物联网中各个节点的物流、信息流、资金流等信息进行全面的整合，及时了解市场动态，掌握一手资料，以应对市场突变带来的不利影响。其次，对“农超对接”生鲜农产品的物流沟通合作体系进行完善。发挥超市发作为供应链核心企业的主导作用，创建公平、有效的资源配置机制，完善冲突处理机制。最后，增加对基础设施的资金投入，进一步加强保鲜技术的应用。超市鲜活农产品物流运营的技术体系，同时也是控制鲜活农产品温度条件的尺度和根源。另外，提高品牌知名度，提升企业自身竞争力。

虽然行业经济增长缓慢，但是超市发按照以上的战略规划稳步调整后，2013 年和 2014 年公司的营业收入下降比率降低到 3.2% 和 0.59%，营业利润下降减少。虽然全国经济增长继续放缓，但公司借助“互联网 +”这一信息时代的工具，重新对技术、管理进行了部

署，在较短的时间内扭转了经营下滑的趋势，并重新占据市场先机。

5 展望

学习是相互的。2014 年阿里巴巴、京东等零售电商的快速发展对超市发产生了很好的示范效应，超市发迅速将“互联网 +”的理念融入生鲜农产品物流运营中去，产生的一些经验对我国生鲜农产品物流未来的发展有很大的促进作用，如沟通合作体系中“农超对接”的信任机制建设，技术管理体系中的保鲜及冷却冻结技术，信息管理体系中的 RFID、GIS、GPS 技术，以及品牌管理体系中的品牌建立和维护，等等。

“互联网 +”、大数据技术仍在不断拓展，当前超市发互联网 + 生鲜农产品物流运营体系的构建仍处于探索阶段，物流运营模式还需要不断完善。“互联网 +”背景下生鲜农产品物流合作成员间的合作机制更为复杂，如何组织，如何划分利益？电商与生鲜农产品究竟怎样融合才能达到最优效果？这一系列的问题都在考验着超市发未来生鲜农产品物流运营体系的设计。

一、研究目的

超市发在营业收入下降的情况下，意识到公司所面临的市场环境发生变化、竞争对手不断增加以及公司内部存在一些问题，然后结合自身的优势对公司生鲜农产品物流运营进行规划和改进，从而减缓了销售收入下降的速度。本案例通过这样一个危机处理过程，帮助研究者了解生鲜农产品物流运营过程中的突出问题及相关体系建设。

二、启发思考题

（1）超市发在面对营业收入下降的危机时，是从哪几个方面入手的？还有哪些不足之处？

（2）以超市发为例，总结生鲜农产品物流运营过程中出现的问题。如果你是管理层，针对这些问题你会怎么做？

（3）结合自己对“互联网＋”的了解，讨论超市发应如何充分利用“互联网＋”中的大数据？你对超市发发展生鲜电子商务的前景有什么看法？

三、分析思路

本案例由超市发营业收入下降引出，详细描述了其找出问题、制定方案、改善现状的过程。本案例的关键步骤在于找出企业自身存在的问题，转变的关键在于制定改进的方案，从而为解决问题提供依据。以下是本案例的分析思路。

（1）从经营角度上讲，企业基本上是遵循两种发展战略：一种是单一产品经营战略；另一种是多种产品经营战略。而目前很多企业在经营过程中都是采取以主营产品带动副营产品的发展模式。超市发也是如此，主营生鲜农产品，带动其他零售品的销售，这也正是超市发能够实现销售利润稳步增长的重要原因。然而外部环境在不断变化，如经济发展相关政策的变化、外来企业的强势入驻和一些运输技术的创新发展等，因此只考虑企业本身是远远不够的，这也是导致超市发营业利润增长下降的主要原因。

（2）互联网的发展给各个行业带来的冲击不可小觑，它给一些实体店的发展带来了很多麻烦，但也给网店和微商带来了很多机遇。生鲜电商这块相对来说发展滞后，相关规章制度尚不完善，在经营上存在很多问题，体现在生鲜的新鲜度、配货及送货的速度、产品源的安全性等方面。由于本土企业在当地已经有一定的信誉度，因此发展较好的也大多是本土企业。超市发逐渐意识到这一点，在生鲜电商这块进行了深入的调查和研究，并对今后生鲜电商的发展做了相应的规划。

四、理论分析

1. 运营管理

所谓运营管理，其实就是对交付产品、企业生产或服务的系统进行的设计、运作以及改进。运营管理也是企业的职能，有明确的管理任务。它的特点有三个：首先是信息技术的运用。由信息技术引起的一系列模式和管理方法上的变革，成为运营的重要研究内容。如物料需求计划（MRP）、制造资源计划（MRPII）以及企业资源计划（ERP）等，在企业生产运营中得到广泛应用。其次是运营管理的全球化。全球经济一体化趋势加剧，使全球化运营成为现代企业运营的一个重要课题，因此，全球化运营也越来越成为运营学的一个新热点。最后是运营系统的柔性化。生产管理运营的多样化和高效率是相矛盾的，因此，在生产管理运营多样化的前提下，努力搞好专业化生产管理运营，实现多样化和专业化的有机统一，是现代运营追求的方向。目前，供应链管理成为运营管理的重要内容。它需要将产品原材料、半成品、零配件等遵照用户的需求，由发货地向目的地进行转移。在这个过程中，物流的作用就是将看起来孤立但实质上存在相关关系的活动组织起来，形成集成化、一体化管理。虽然物流的概念随着企业生产管理和营销组织方式的变化在不断丰富和拓展，然而运营物流系统始终是一个“计划、执行和控制的过程”。

2. 生鲜农产品

生鲜农产品是由农业部门生产的尚未加工或仅仅经过轻度加工的，在常温状态下不宜长期存放的初级食物，主要由果蔬类、肉类、水产类“生鲜三品”所构成。生鲜农产品在百姓日常生活中具有不可替代的地位，是我国消费者除粮食以外最主要的消费组成部分。易腐易损性是生鲜农产品的主要特征，鲜活程度是决定农产品价值的重要指标。生鲜农产品物流包括生鲜农产品的生产、采购、储运、包装、配送、加工、信息采集等过程。生鲜农产品物流具有储运和保鲜技术要求严格、资金的专用使用程度高、物流增值服务空间大等特点。生鲜农产品在生产、流通和消费上的鲜活性、难储存性是造成其物流管理与一般工业品物流管理存在差别的主要原因。

3.“互联网 +”

“互联网 +”是互联网发展的新业态，是知识社会创新推动下的互联网形态演进及其催生的经济社会发展新形态。通俗来说，“互联网 +”就是“互联网 + 各种传统行业”，但这并不是简单的两者相加，而是利用信息通信技术以及互联网平台，让互联网与传统行业进行深度融合，创造新的发展生态。它代表一种新的社会形态，即充分发挥互联网在社会资源配置中的优化和集成作用，将互联网创新成果深度融合于经济、社会各领域之中，提升全社会的创新力和生产力，形成更广泛的以互联网为基础设施和实现工具的经济发展新形态。

五、背景信息

伴随经济的持续发展，传统的农业经营模式已经无法满足日益增长的消费需求，也难以保障生态农业基地生产的优质农产品的价值。“农超对接”作为一种新的农产品生产和销售方式在国外得到广泛使用，降低了农产品的采购成本，提高了产品质量，缩短了供应链，改变了超市采购方式，弥补了传统农产品销售的缺点。

近年来，政府和社会对作为我国农产品物流发展史上最新变革的“农超对接”模式进行了高度关注和广泛应用。为降低流通成本，国家发展改革委、交通运输部和财政部共同下发通知，规定 2010 年 12 月 1 日后，全国所有收费公路全部纳入鲜活农产品运输绿色通道网络范围，对整车合法装载、运输鲜活农产品的车辆免收车辆通行费。2013 年中央一号文件《中共中央、国务院关于加快发展现代农业 进一步增强农村发展活力的若干意见》于 1 月 31 日正式出台，文件指出，鼓励和支持工商企业与农户合作。工商企业的进入给农户带来了资金、技术和人才，同时也为“农超对接”的连锁超市的发展带来了机遇。

同时，互联网经营模式作为一种新业态也受到各界的关注。李克强总理指出，互联网是大众创业、万众创新的新工具，是中国经济提质增效升级的“新引擎”。马化腾表示，“互联网 +”就是利用互联网的平台、信息通信技术把互联网和包括传统行业在内的各行各业结合起来，从而在新领域创造一种新生态。

北京超市发是北京首家股份制商业流通企业，公司突出生鲜经营特色，已在全国范围内建立 80 余家农超对接基地，拥有 74 家直接签约的生鲜商品采购基地。另外设立了专门用于生鲜果蔬采购和保管的恒温库、低温库以及加工间和物流配送中心。然而由于“农超对接”执行的长期性，在进行“农超对接”的过程之中，超市发忽视了对外部环境以及自身的正确认识，导致营业利润增长下降。在降低物流成本的过程中，超市发认识到运营管理、“互联网＋”的重要性，并对生鲜电子商务进行了规划，以促进营业利润的增长。

六、关键要点

（1）由问题找原因，需要从多方面入手，兼顾内外部市场环境是分析的关键。

（2）掌握与生鲜农产品以及物流运营相关的理论，并在制定对策时能够熟练运用。

（3）要有危机意识，在公司解决了营业收入下降的问题后，及时对发展趋势进行预测，并结合自身优势发展生鲜电子商务。

案例四

安顺烟草商业企业物流成本管理的新举措*

摘要：随着我国经济的不断发展，市场化改革趋势逐渐加深，传统垄断行业烟草部门面临的不确定性日渐增强，许多烟草公司都为在未来激烈的竞争中取得一席之地而不断地尝试新的运营管理模式。其中，物流成本管理由于具有降低企业运营成本、提升企业核心竞争力的功效而逐步为烟草公司所重视。本案例描述了安顺烟草商业企业联合高校物流管理专家，围绕提升运营绩效、降低成本的目的，系统开展作业流程优化、重构卷烟物流组织体系和建立综合成本控制系统的管理过程。通过案例分析，研究者可以深入地理解烟草商业企业物流成本的控制过程。

关键词：物流；作业流程优化；成本控制；烟草商业企业

---

*1. 本案例由陆琳、李佳楠、苏雪、陈圣权撰写，作者拥有著作权中的署名权、修改权、改编权。
2. 本案例授权中国管理案例共享中心使用，中国管理案例共享中心享有复制权、修改权、发表权、发行权、信息网络传播权、改编权、汇编权和翻译权。
3. 由于企业保密的要求，在本案例中对有关名称、数据等做了必要的掩饰性处理。
4. 本案例只供研究分析之用，并无意暗示或说明某种管理行为是否有效。

0　引言

随着我国经济的不断发展，市场化改革趋势逐渐加深，中国烟草行业面临着多方位的竞争。一方面，由于国外烟草巨头对国内烟草市场份额的激烈争夺，受专卖体制保护的我国烟草企业遭到严重打击；另一方面，随着市场竞争环境的变化，我国烟草企业的竞争优势转移到敏捷性上来，在这种现状下，行业企业的竞争表现为如何快速响应市场和满足不断变化的客户需求。目前，许多企业都把物流管理作为快速响应市场变化，获取竞争优势所必须采取的战略步骤，但是快速的市场响应意味着运营成本的上升，而作为企业物流管理核心的物流成本管理，不仅能够帮助企业控制物流成本，而且能够提高企业的经营效率和经济效益。烟草商业企业要想加强物流成本管理，必须充分把握影响企业物流成本的各种因素，并有效结合精益管理思想，针对问题提出改进措施。考虑到企业内专业管理创新人才不足，安顺烟草商业企业决定与贵州财经大学合作，与该校相关专家联合组建项目组，采用实地调研和理论分析相结合的方法，将成本控制的思想与做法导入安顺烟草商业企业物流管理的运营之中，以实现卷烟物流资源优化与管理。

1　任重而道远

1.1　公司概况

安顺位于贵州省中部，全市有“五县一区”，总人口 264.25 万人，面积 9264 平方千米。境内山峦纵横，丘谷相间，处于喀斯特地形地貌的高密集高成熟区，气候温和宜人。境内道路交通相对发达，滇黔公（铁）路、贵黄高等级公路、清镇高速公路并行贯穿其中，可谓“阡陌纵横”，物流配送条件较为优越。此外，市政府的政策及发展规划也为安顺烟草商业企业物流中心的发展提供了便利。

近年来，安顺烟草商业企业的卷烟配送量保持稳步增长，卷烟配送金额也在逐渐递增。该物流中心卷烟的配送以省产烟为主，但比重在逐年下降，省外烟的比重逐年增加，而进口烟比重却很小。工业卷烟调拨以省产烟为主导，主要始发地为贵阳，是门到门式的干线运输，流量大，流向相对稳定，平均到货期为 7 天；省外烟主要流向云南、湖南、上海等地，以大型集装箱运输为主，平均到货期为 12 天；零售终端配送已实行块状配送，配送范围相对集中，中转站已逐渐整合撤并，“一站式”配送已全市覆盖。

安顺烟草商业企业物流中心于 2005 年成立，设行政综合部、安保部、储配部、送货部四个部门。物流中心拥有卷烟仓库 1 个，电子标签卷烟分拣线 2 条，平均分拣效率为 8000 条 / 小时，日均分拣卷烟约 400 大箱；热塑膜包装机 2 台，出货口 3 个，出货能力为 300 大箱 / 小时；卷烟配送车辆 28 辆，总装载能力约 650 箱，平均满载率约 80%。除此之外，物流中心还拥有电脑设备 21 台、数据库软件（SQL）2 套、交换机 4 台，在仓储和打扫码管理方面，已经分别使用了物流数字仓储管理系统和“两打三扫”系统，采用件烟扫码方式出入库。

安顺烟草商业企业物流中心的零售客户总数为 11079 户，其中城镇 4166 户，占 37.6%，乡村 6913 户，占 62.4%。物流中心拥有送货组 20 个，送货线路 206 条。该物流中心的访送周期有“半月一访”和“一月一访”两种。访送模式为“一访二配三送”，响应速度为 48 小时。此外，该物流中心采用直送到户、委托送货、约时取货三种配送方式。物流中心在仓储、分拣、配送、管理四个方面的费用呈“三增一减”，即仓储、分拣、配送费用增加，管理费用减少。物流中心的运营效率指标有所提高，在全省对标工作中部分指标处于全省平均水平之上。

1.2　面临的问题

虽然物流中心在部分工作中成绩出色，但是也存在着一些问题。为此，项目组内部展开了讨论。讨论前再三强调安顺烟草公司的物流管理创新必须响应国家号召，同时能切实解决公司实际存在的问题。

讨论会开始，物流中心姚经理介绍会议主题："安顺烟草公司一直关注物流中心的建设，但成本费用始终居高不下。本次会议要找出高费用产生的原因，可以从作业流程和成本控制方面展开讨论。请大家踊跃发言。"

调研小组小陈首先站起来说："第一，为了避免送货破损等现象，分拣线都是统一包装的，但有时零售户一次只订几条烟，这样就造成大量的包装膜浪费；第二，仓储面积小，结构不合理，卷烟存储、分拣空间不足，且分拣设备落后，用工多，费用大；第三，送货过程中，很多小零售户都是在巷子里的，我们的送货员都是步行送过去，这个过程就会占用大量的时间。总之，人力、物力方面都存在不合理的地方。"

"你说得没错，刚才那些现象确实存在。"储配部王主任立刻解释道，"但是，我们是直接接收电访的订单，为了提高客户满意度，客户的位置在哪儿，我们就必须送到哪儿，所以包装、步行送货等都是不可避免的，而且我们市这样的零售户还很多。有的公司把包装膜换成包装箱来降低成本，但据我估计，若换成包装箱，回收也成问题。"

配送中心肖主任是统筹配送工作的，对物流管理工作有深刻的了解，他表情凝重地站起来说："在听各位发言的过程中，我重新审视了一下我们的组织体系，发现我们的过程监控确实存在严重问题。我觉得当前最重要的是提高员工主动降低成本的积极性，可以从绩效考核工作入手。"

“各位领导，作为一个老驾驶员，我想说几句。我们送货员是直接与客户打交道的，在提高客户满意度上，我不敢说我做了什么贡献，但至少我们都是属于一线员工，本应该受到重视。”2008 年被评为优秀送货员的老徐站起来说，“可是，公司只要提到控制成本，立刻就想到我们送货员，而我们努力控制成本之后，工资奖金都还是那样，我们真的没有动力。配送中心不是独立核算成本的吗？如果成本控制低于预算，公司就没有激励吗？”

“传统成本核算方法记录的会计信息已不能完全满足企业管理的需要。由于物流成本信息缺乏准确性和针对性，使得企业编制的预算缺乏操作性和合理性。”财务科杨科长说，“但是，太多不确定性因素导致我们也找不到合理的预算方法，这份预算主要还是用作参考，大部分管理费用均是在近几年实际发生的费用上进行一定比例的调整。因此，很多项费用都难以控制。”

业务部成员小刘叹了口气：“目前卷烟中心最大的问题在于信息化程度低，业务欠缺支撑。虽然物流中心在卷烟出入库和存储上采用了‘两打三扫’系统和数字化仓储管理系统，但在线路优化、资源管理、决策支撑、在途监控等方面，还没有实现信息化管理，不能为管理决策提供迅捷、准确、全面的信息，物流业务运转缺乏信息系统的有力支撑。”

……

讨论会进行得很顺利。讨论结束后，项目组认真分析了会议上讨论的问题，最终确定研究主题为“作业流程优化与成本控制”。经过长达半年的分析、讨论和修改，最终形成成本控制方案。

2 上下而求索

通过对物流中心管理方面问题的分析和讨论，项目组提出从作业流程优化和成本控制两个方面来解决烟草商业企业物流成本居高不下的问题。首先，从供应商管理、客户关系管理、市场营销等方面提出作业流程优化方案；其次，运用作业成本法将物流运作流程分为四个作业环节，结合精益管理思想对各个作业环节进行成本控制，从而达到降低物流成本的目的（见图 1）。

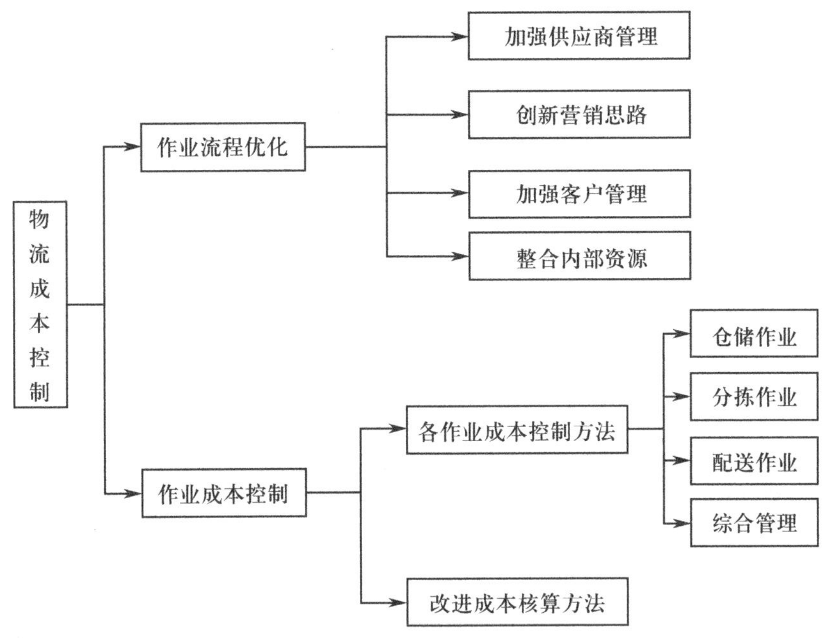

图 1　物流成本控制方案流程图

2.1　作业流程优化方案

（1）加强供应商管理，稳定库存水平。采购是整个营销活动的源头，提升供应商管理水平是项目组开展的第一项优化工作。贵州财经大学项目组成员运用专业供应链管理知识，提出一种叫作“双表作业法”的动态库存策略。这种订货策略为安顺烟草公司建立了订货需求和订货预警机制，可以在保证客户需求的前提下，维持最佳的库存水平。

（2）创新营销思路，提升客户价值。公司有很多零散小客户，小批量订货占用了大量的物流成本。为提升这一部分客户的价值，项目组建议与银行机构合作，利用银行的信用卡服务增加零售户可支配信用额度，形成一套用户授信方案。项目组首先对电访员进行座谈，然后进行了模拟测算，证明该方案可以将零售户的订货量提高 42% 以上。该方案下，客户经理与银行工作人员合作，在拜访零售户的过程中，鼓励信用消费，提高客户单次订货量，提升客户价值。

（3）加强客户管理，提高配送效率。客户满意度是公司关注的重点，为了在确保客户满意度的前提下，有效提高客户管理水平，项目组对零售户进行了问卷调研。调研发现很多销量小的零售户表示不需要每周送货一次，而销量大的零售户表示每周送货一次有时仍然会出现断货的情况。经过周密的统计分析，项目组形成了如表 1 所示的客户服务策略。

表 1　客户服务策略

单次订货量	客户类型	服务方式
0 ～ 30 条	铜牌客户	两周配送一次
30 ～ 80 条	银牌客户	一周配送一次
80 条以上	金牌客户	一周配送两次

（4）整合内部资源，提高客户服务水平。在以上作业优化的基础上，内部资源整合工作也相应地展开。项目组用了两周的时间，通过仿真模拟运行，重构了卷烟销售业务流程，主要体现为服务周期的转变。项目组通过将“电访”到“送货到户”的服务周期由 3 天缩短为 1 天，在整合内部资源的同时提高客户服务水平。修改后的方案可实现“上午电访，下午配送；下午电访，隔日配送”，从而可以减少一条分拣线，减少 13 辆送货车辆，作业人员也可以相应地减少。另外，公司为了激励一线作业人员节约成本，建立了合理的奖惩制度。

2.2　对物流成本的控制与优化

2.2.1　各作业成本控制方法

对物流成本进行管理和控制的精髓就是将精益管理思想和作业成本法相结合，从作业层次对物流成本进行管理和控制。物流成本管控的根本目标是在满足顾客需求和提高客户满意度的情况下，消除一切浪费，追求物流成本最小。项目组结合烟草商业企业物流的运作模式，运用作业成本法将物流运作流程分为仓储、分拣、配送和综合管理四个作业环节，并对各个作业环节进行分析，找出非增值作业或者浪费，以成本控制的思想为指导，从作业层次对物流各作业环节进行成本控制，从而降低企业物流运营费用，提高客户满意度。

（1）物流仓储作业的成本控制方法。从精益管理的角度降低仓储成本，首先可以借助 RFID 技术，实现出入库的高效管理。所谓 RFID 技术，即无线射频识别，又称为电子标签。通过无线射频识别技术，不用精确定位就可以对数据进行实时采集、实时传递、实时核对和更新，从而避免人工操作造成的错扫、漏扫和重扫等问题。另外，由于提高了信息传递的及时性和准确性，有效地解决了仓储部门与其他部门之间的信息不对称问题，使得物流企业内部能够进行有效的协调，也为烟草商业企业实施精益管理奠定了基础。

其次，可采用定量订货和动态订货相结合的方式补充库存。仓储作业的补货系统要解决的首要问题是确定何时进行补货以及补多少货。正确的补货方式可以减少安全库存数量，从而降低商品的持有成本和储存成本等，最终实现企业物流总体成本的降低。定量补货法是当某种物料的库存量达到预先设定的标准再进行补货的一种方式。动态补货法是根据现有库存量和未来一定时期的预测需求量来确定在何时补多少货的一种方式。

当然，最有效的方法还是合理规划仓库结构和仓库空间布局。

由于产品销量的季节性波动，企业对仓储空间的需求也会发生变化。这时采取混合仓储空间策略，即多种仓储空间方式相结合的策略，既可以保证自有仓库的充分利用，又能借助租用仓库增加企业的成本效益，从而在满足需求变化的同时降低仓储成本，如图 2 所示。以横坐标表示仓储空间的需求量，纵坐标表示不同仓储规模组合的仓储成本，将计算出的数据绘制成成本曲线，然后选择成本曲线最低点所对应的仓储空间组合作为最优组合，如图 3 所示。对于烟草商业企业来说，一般在春节前对仓储空间的需求量比较大，此时管理层可以采用这种方式来安排仓储，以满足高峰时期的需求，达到降低仓储成本的目的。

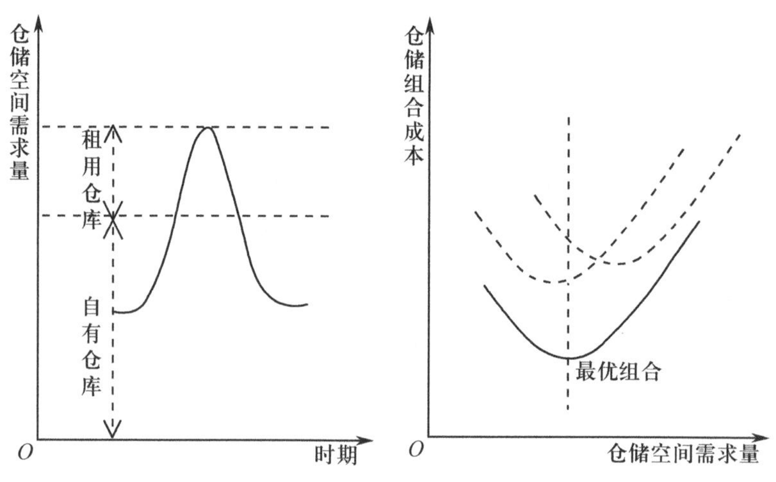

图 2　混合仓储空间策略图　　**图 3　仓储空间最优组合策略图**

（2）物流分拣作业的成本控制方法。分拣作业系统中存在分拣设备与烟草商业企业物流规模不匹配、分拣环节中的包装费用控制不合理、分拣路径不科学等问题，结合精益管理思想，可采用以下策略对分拣作业成本进行控制。

①企业根据自身规模和业务量的大小，选择适合企业且成本最低的分拣模式。虽然人工分拣的固定资产投入最少，但随着分拣系

统自动化程度的提高，分拣成本的大部分为设备成本。决定是否引进自动化分拣设备时，应权衡投资成本与投资收益，选择投资小、收益高、适合企业规模和满足分拣业务量需要的分拣系统。

②采用订单分批拣取的方式来分拣产品。首先将每批次订单中相同商品的种类加总后进行分拣，然后再将分拣后的货品，按照客户订单的要求分配给每一个客户，从而形成批量拣取。这种分拣方式不仅缩短了平均行走搬运的距离，还减少了重复寻找储存位置的时间，使分拣效率提高。

③通过优化拣取路径，缩短行走距离，从而提高分拣作业效率。可以采取以下方法：一是动态规划方法，该方法通过对状态点的合理选择，使拣取路径优化模型简化，减少计算量；二是S型启发式方法，该方法建立在管理人员的经验和判断的基础上，体现了人的主观能动性和创造性；三是多回路VRP法，该方法必须选择合理的算法对模型求解，通过缩短步行距离来进行路径的优化。

（3）物流配送作业的成本控制方法。在客户服务水平一定的情况下，欲使配送成本达到最小，可以采用混合配送的策略。企业应根据自身资源条件合理安排企业自身配送，或外包给第三方物流配送，使配送成本尽量降低。同时，企业在安排每辆车的配送任务时，应改变以往的装配方式，对轻重不同、容积大小不等的货物实行搭配装车，从而既可以在载重方面达到满载，也可以充分利用车辆的容积，取得最优的效果。

安顺烟草商业企业为探索卷烟配送新模式，寻求降低物流成本新途径，缓解卷烟物流用工与配送规模的矛盾，实现物流资源配置最佳，欲实施单人单车配送方案。单人单车配送是指在配送卷烟的过程中，配送车的司机兼职送货员，这相比传统每辆配送车都配有司机和送货员的情况，减少了一名员工。单人单车配送是目前竞争激烈的情况下，降低物流运输中人工成本的一个创新举措。根据效

益背反原理，单人单车配送的节约费用并非随着配送车组数目的增加而增加，由于单人单车配送受配送线路选择和配送人员素质的制约，当单人配送数目增加到一定程度时，成本反而会上升。经过项目组的实地调研分析与对各个方案成本费用的计算，安顺烟草公司对 10 个车组施行单人配送，从而保证在配送效率不下降的前提下，最大限度地节约物流成本。

（4）综合管理的成本控制方法。物流管理并不是一个单独的物流作业流程，管理作业是为整个物流中心甚至整个企业服务的，它是整个物流体系中不可或缺的环节。目前，很多烟草商业企业出现了机构重叠、人员冗余的现象，这些使得企业管理费用增加，经济效益降低。为了适应市场经济环境，烟草商业企业必须根据现有的经营规模，及时调整企业内部结构，精简重叠的部门和人员，控制工资总额的过快增长及其占企业经费的比例；加强预算管理，参照公司的财务历史记录、资金状况、本年度生产经营计划及物价水平，编制合理、可行的年度管理费用预算控制表，进行总额和重要科目的控制。为保证预算控制表的贯彻执行，还应推行责任成本管理。按照“谁负责，谁控制”的原则，将管理费用的量化指标分解，并分配落实到各个部门乃至个人。为调动广大员工和各个部门的积极性，提高控制管理费用的责任心，应当定期对预算执行比较好的员工和部门，按照节约额的一定比例进行奖励，而对造成损失和严重超标的部门和人员给予惩罚。

2.2.2 物流成本核算方法的改进

根据作业成本法的原理和步骤，卷烟物流作业成本归集分配方法如图 4 所示。项目组对卷烟物流中心的物流成本采用作业成本法进行核算，将其计算结果与传统成本法的计算结果进行对比分析，指出该卷烟物流中心采用作业成本法的必要性。

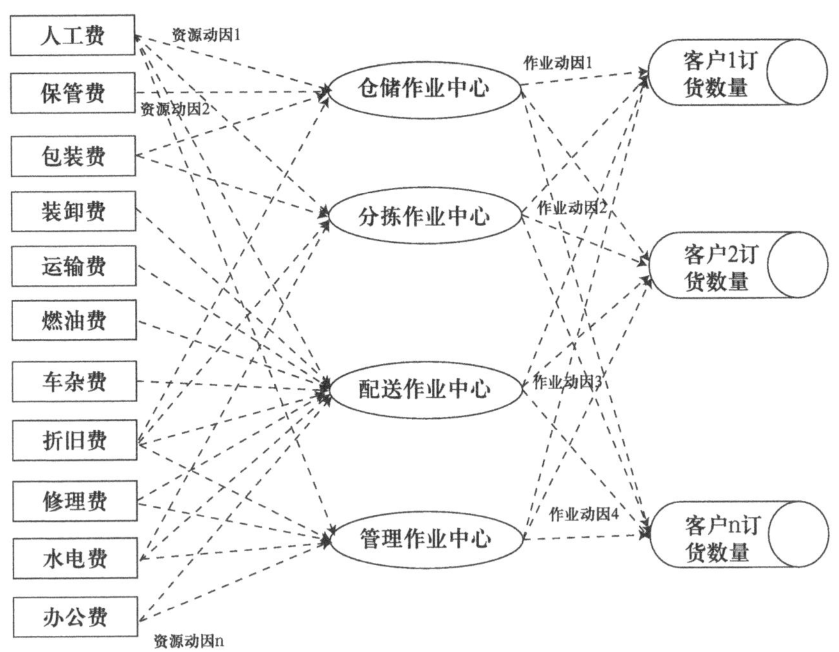

图4　烟草商业企业物流中心作业成本归集与分配流程原理

卷烟物流中心物流成本核算一直采用的是传统成本核算方法。下面以2011年的会计记录为例，用作业成本法对其物流成本进行核算。2011年的卷烟配送量为85180箱，物流中心的各项费用如表2所示。

表2　物流中心各项费用

单位：元

费用项目	金额	费用项目	金额
人工费	9528504.74	折旧费	1386298.51
保管费	31293.73	水电费	72763.70
包装费	528732.78	通信费	225474.73
商品损耗	8992.63	差旅费	130522.01
装卸费	150340.18	办公费	42954.56
运输费	533.80	业务招待费	35950.55

续表

费用项目	金额	费用项目	金额
燃油费	421771.35	低值易耗品摊销	3999.25
车杂费	115779.45	租赁费	2833.31
修理费	451401.54	财产保险费	98864.49
其他费用	39911.32	合计	13276922.63

以上为卷烟物流中心的各项成本费用，传统成本核算方法一般采用单一核算标准，而作业成本法一般首先要确定资源动因和作业动因，再按照动因将成本分配到各个作业环节，具体步骤如下。

第一步，确定卷烟物流中心所涉及的各项作业及资源动因，将各个资源成本按照资源动因分配到各个作业中心。具体如表 3 所示。

表 3　资源成本分配表

单位：元

<table>
<tr><th>资源种类</th><th>资源动因</th><th colspan="2">仓储保管</th><th colspan="2">分拣包装</th><th>送货运输</th><th>综合管理</th><th>合计</th></tr>
<tr><td>人工费</td><td>员工人数</td><td colspan="2">849981.05</td><td colspan="2">2429888.72</td><td>5017153.92</td><td>1231481.05</td><td>9528504.74</td></tr>
<tr><td>保管费</td><td>次数</td><td colspan="2">31293.73</td><td colspan="2">0</td><td>0</td><td>0</td><td>31293.73</td></tr>
<tr><td rowspan="5">包装费</td><td rowspan="5">种类</td><td colspan="2" rowspan="5">0</td><td>包装膜</td><td>513753.70</td><td rowspan="5">0</td><td rowspan="5">0</td><td rowspan="5">528732.78</td></tr>
<tr><td>标签纸</td><td>9153.85</td></tr>
<tr><td>碳带</td><td>4358.98</td></tr>
<tr><td>封口胶</td><td>510.00</td></tr>
<tr><td>塑料袋</td><td>956.25</td></tr>
<tr><td>商品损耗</td><td>商品价值</td><td colspan="2">0</td><td colspan="2">8992.63</td><td>0</td><td>0</td><td>8992.63</td></tr>
<tr><td rowspan="3">装卸费</td><td rowspan="3">商品数量</td><td>入库</td><td>131622.81</td><td colspan="2" rowspan="3">0</td><td rowspan="3">0</td><td rowspan="3">0</td><td rowspan="3">150340.18</td></tr>
<tr><td>转库</td><td>5896.79</td></tr>
<tr><td>翻仓</td><td>12820.58</td></tr>
<tr><td>运输费</td><td>运输距离</td><td colspan="2">0</td><td colspan="2">0</td><td>533.80</td><td>0</td><td>533.80</td></tr>
</table>

续表

资源种类	资源动因	仓储保管	分拣包装	送货运输	综合管理	合计
燃油费	耗油量	0	1006.03	412699.42	8065.90	42177.35
车杂费	次数	0	0	112992.90	2786.55	115779.45
修理费	次数	4080.00	98625.19	343232.58	5463.77	451401.54
折旧费	设备价值	363963.90	237567.64	404674.13	380092.84	1386298.51
水电费	耗电度数 / 耗水量	19992.48	38193.97	6584.71	7992.54	72763.70
通信费	通信时长	141041.00	19890.00	34092.03	30451.70	225474.73
差旅费	次数	5154.40	8269.96	89034.94	28062.71	130522.01
办公费	作业量	1228.25	1309.68	13481.49	26935.14	42954.56
业务招待费	次数	0	2023.00	2615.45	31312.10	35950.55
低值易耗品摊销	低值易耗品价值	2754.00	0	0	1245.25	3999.25
租赁费	租赁时长	0	0	2833.31	0	2833.31
财产保险费	次数	0	0	98864.49	0	98864.49
其他费用	发生	4068.95	10410.80	0	25431.57	39911.32
总额	—	1573897.94	3384910.40	6538793.17	1779321.12	13276922.63

第二步，选择作业动因，计算动因分配率（动因分配率 = 作业成本 ÷ 作业量）。计算结果如表 4 所示。

表 4　作业动因分析及动因分配率表

单位：元

作业名称	作业成本	作业动因	作业量	动因分配率
仓储保管作业	1573897.94	托盘数	1080	1457.31

续表

作业名称	作业成本	作业动因	作业量	动因分配率
分拣包装作业	3384910.40	箱数	85180	39.74
送货运输作业	6538793.17	千米数	532222	12.29
综合管理作业	1779321.12	工作时间	1980	898.65

第三步，选择客户的订货数量作为作业成本计算对象，将作业成本库中的费用分配到各个客户中去，各个客户的订货数量如表 5 所示。其中计算公式如下：作业耗用量 = 作业量 × 动因分配率；单箱费用 = 耗用量 ÷ 运送卷烟箱数。计算结果如表 6 所示。

表 5　客户订货数量表

单位：元

客户名称	客户 1	客户 2	客户 3	客户 4	合计
订货数量	24195	22572	20724	17689	85180
托盘数	334	265	255	226	1080
千米数	155047.5	125754.4	148132.6	103287.5	532222
工作时间	512	487	465	516	1980

表 6　物流中心客户单位卷烟的作业耗用量

作业名称	动因分配率	作业量	耗用量				客户 1 订货的单箱费用（元）	客户 2 订货的单箱费用（元）	客户 3 订货的单箱费用（元）	客户 4 订货的单箱费用（元）
			客户 1	客户 2	客户 3	客户 4				
仓储保管作业	1457.31	1080	486741.54	386187.15	371614.05	329355.20	20.12	17.11	17.93	18.62
分拣包装作业	39.74	85180	961509.30	897011.28	823571.76	702818.06	39.74	39.74	39.74	39.74
送货运输作业	12.29	532222	1905533.78	1545516.66	1820549.65	1267193.08	78.75	68.47	87.85	71.64
综合管理作业	898.65	1980	460108.80	437642.55	417872.25	463697.52	19.02	19.39	20.16	26.21
合计	—	—	3813893.42	3266357.64	3433607.71	2763063.86	157.63	144.71	165.68	156.20

以上为采用作业成本法计算的安顺某卷烟物流中心各个作业环节的成本，以及每个客户每箱卷烟的成本组成。

接下来采用传统成本法核算安顺某卷烟物流中心的物流成本。该物流中心各个客户消耗的直接人工成本、直接材料费用都已有记录，现在要对间接费用进行分配。传统成本法一般采用单一分配标准对间接费用进行分配，在此项目组采用客户的订货数量对其进行分配。

间接费用的分配率 = 间接费用 ÷ 订货总量 =3219685.11 ÷ 85180=37.80

客户 1 分摊的间接费用 =24195 × 37.80=914571.00（元）

客户 2 分摊的间接费用 =22572 × 37.80=853221.60（元）

客户 3 分摊的间接费用 =20724 × 37.80=783367.20（元）

客户 4 分摊的间接费用 =17689 × 37.80=668644.20（元）

根据以上分析和计算，可编制出四个客户的成本核算表，如表 7 所示。

表 7　客户成本核算表

单位：元

成本项目	客户 1	客户 2	客户 3	客户 4
直接人工成本	2483762.18	2375341.23	2352189.53	2317211.80
直接材料费用	152413.18	135623.42	121754.31	118941.87
间接费用	914571.00	853221.60	783367.20	668525.31
总成本	3550746.36	3364186.25	3257311.04	3104678.98
卷烟配送量	24195	22572	20724	17689
单箱费用	146.76	149.04	157.18	175.51

通过两种核算方法的比较可知，按照作业成本法进行核算，我们不仅可以看到每个客户的配送总成本和单项费用，还可以了解卷烟物流中心各个作业环节的成本，以及各作业消耗的资源种类和金

额。传统核算方法只计算出每个客户的配送成本和单项费用，并且计算结果与作业成本法有很大的差距。这是由于在传统成本核算方法下只采用单一的分配标准——卷烟配送数量，但是间接费用包含了很多不同的种类，其中一些费用不能采用卷烟配送数量进行分配，这样就导致了核算不准确。而作业成本法针对不同资源选择相应的分配动因来分配费用，使得核算结果更准确，更适合烟草物流中心进行成本控制和管理。

3 结束语

在本案例中，安顺烟草商业企业为了适应未来激烈的市场竞争，联合高校物流管理专家，对企业物流管理中存在的多种问题进行讨论和总结，提出通过“作业流程优化和成本控制”来降低企业物流成本。本案例结合安顺烟草商业企业物流管理的现存问题，围绕提升企业运营绩效、降低成本的目标，从供应商管理、客户关系管理、市场营销等方面进行作业流程优化；成本控制主要运用作业成本法，将物流运作流程分为四个作业环节，结合精益管理思想对各个作业环节进行成本控制，从而达到降低物流成本的目的。本案例对一般商业企业优化业务流程，建立综合成本控制系统，降低企业运营成本具有重要的参考价值。

一、研究目的

企业的成功并非依靠运营模式的简单复制，而是依靠背后核心能力的逐步提高。通过本案例，研究者可以分析烟草公司在烟草专卖制度下进行市场化改革遇到的问题，并分析如何通过改进管理方式和技术手段，使企业在新市场环境中持续良性发展。

二、启发思考题

（1）请简要说明建立成本控制系统之前进行流程优化的必要性。

（2）安顺卷烟物流中心在成本控制过程中考虑了哪些问题？采取了哪些改进方案？这样的转变对推进物流中心非法人实体化运作有何启示？

（3）本案例中卷烟物流中心遇到了哪些发展瓶颈？从内外部环境来说，分别应该怎样做？其他行业的发展模式是否可以为该企业问题的解决提供借鉴？怎样才能使卷烟物流中心在竞争中拔得头筹？

三、分析思路

对本案例的分析要紧抓物流系统的作业流程优化和成本控制两个方面。通过流程优化可以提升供应链运行效率，通过成本控制可以提升管理水平。本案例由一个项目讨论会开始，引出流程优化的必要性和成本控制过程中的问题。项目组通过对这些问题的深入研究，找出解决这些问题的根本途径，并形成了具体的优化方案。这

里提出本案例的分析思路。

（1）对烟草商业企业物流及成本管理现状进行深入分析，运用作业成本理论，对烟草商业企业物流作业进行识别，将其分为仓储、分拣、配送和综合管理四个作业环节，并用流程图对各个作业环节的流程和工作内容进行简单描述。

（2）在烟草商业企业物流全过程作业划分的基础上，对各个作业环节的成本构成和影响因素进行分析，指出各个作业环节存在的问题，针对其问题并结合精益管理思想，提出相应的成本控制措施。

四、理论依据

（1）依据价值链管理理论和作业成本理论，将烟草商业企业物流全过程划分为几个作业环节，分析各个作业环节的成本特性，并制定每种作业的具体成本控制点，针对不同的控制点采取相应的改进措施。

（2）成本控制系统。物流成本控制的基本方法是：监控物流活动过程，将监控的结果与事先制定的标准进行比较，对出现不良差异的活动及时纠错。

（3）以精益管理理论为指导，在物流成本识别的基础上，建立物流成本控制体系，从整体上对物流总成本进行控制。

五、背景信息

中国作为世界上最大的烟草生产和消费国，其烟草业在国民经济中具有举足轻重的地位。我国烟草行业在 2011 年的利税已达到 7529.56 亿元，对经济平稳发展做出了重要贡献。然而，烟草行业发展面临的潜在威胁已变得不容忽视。一是随着世界经济的快速发展和现代科学技术的进步，人类对生活品质的要求越来越高，加之人们对烟草行业的高暴利具有不平衡心态，使得人们对烟草越发抵触，烟草市场发展堪忧；二是随着加入WTO承诺条款的逐步实施，我国烟草行业专营专卖的高度计划体制优势将逐步消失，届时，外国烟草巨头将对我国的烟草市场份额展开激烈争夺，并以优厚的条件猎取烟草市场的优秀人才，这都将对我国烟草行业造成巨大冲击。

综观国外先进企业及烟草行业的发展经验，精益管理及物流管理是充分利用现有资源，降低烟草商业企业运营成本，提高核心竞争力的有效手段。本案例将精益管理和作业成本法相结合，提出应有效配置和合理使用企业资源，优化业务流程，降低物流网络运行成本，从而帮助烟草商业企业构建有效、低成本的物流成本控制系统，以确保烟草行业持续稳定的发展。

六、关键要点

（1）案例中流程优化是成本控制的基础。安顺烟草商业企业物流中心已经由以基础建设为重点的“硬优化”阶段转向以流程优化为重点的“软优化”阶段。

（2）案例中建立了以预算为事前控制，以标准成本为事中控制，以绩效评价为事后控制的全过程成本控制系统，该系统环环相扣，有助于促进成本持续降低。该全过程成本控制表明安顺烟草商业企业物流中心已经开始由“重建设”的阶段转向“重管理”的阶段。

案例五

“互联网 +”时代电商物流独角兽：ALOG 携手天猫 *

摘要：“互联网 +”为经济发展注入新活力，电子商务得以迅猛发展，进而给电商物流带来巨大的市场，众多传统的第三方仓储、运输企业纷纷转型，涉足电商市场，多种商业模式如雨后春笋般涌现。在电商物流仓配一体化的发展趋势下，物流企业的竞争力正从前端往后端延伸。本案例基于“互联网 +”时代电商物流交融发展的现象，以 ALOG 公司天猫项目为研究对象，探究在“互联网 +”时代传统仓储企业如何逐步转化为综合电商物流服务商，进而构建具有企业“互联网 +”特征的生态圈。本案例有助于研究者深入了解“互联网 +”如何促进商业模式裂变升级，以及了解现代电商物流的高效运营方式。

关键词：“互联网 +”；ALOG；天猫项目

---

*1. 本案例由陆琳、陆奇岸、郭泰、刘亮、吴向峰撰写，作者拥有著作权中的署名权、修改权、改编权。

2. 本案例授权中国管理案例共享中心使用，中国管理案例共享中心享有复制权、修改权、发表权、发行权、信息网络传播权、改编权、汇编权和翻译权。

3. 由于企业保密的要求，在本案例中对有关名称、数据等做了必要的掩饰性处理。

4. 本案例只供研究分析之用，并无意暗示或说明某种管理行为是否有效。

0　引言

电商的高速发展和网购用户规模的持续增长，不仅意味着电商已然改变传统零售业的格局，而且创造了电商和用户对物流服务的刚性需求。然而，现有物流配送发展远远滞后于电商的发展，因此在更强调用户体验而非价格的电商时代，有实力的大型电商纷纷斥巨资自建物流，特别是京东商城，已在全国建设 6 大物流中心，在 360 个城市中建有 800 个配送站点和 300 个自提点，形成覆盖全国 1037 个行政区域的庞大网络，这是除顺丰和 EMS 外，其他物流公司所无法比肩的。

但平台化的阿里不可能像京东商城一样自建物流，国内也没有一家或者几家物流公司能够消化掉阿里如此巨大的物流需求，而且快递公司在大城市的仓储物流方面存在一定的重复建设问题，在较为偏远的地区则资源分配不足，无法满足电商的发展需求。因此，阿里早在 2014 年便注资广东心怡科技物流有限公司（以下简称 ALOG 公司）成为第二大股东，使其成为阿里为数不多的核心物流合作伙伴中订单量最大的第三方物流。随后又将其纳入菜鸟网络麾下，与菜鸟网络联合升级仓易宝系统。

这次跨界合作的特色在于跨越了公司和行业的界限，使电商平台、物流快递、第三方仓配都加入进来。对于作为天猫超市的核心仓储合作商的 ALOG 公司来说，每年的“双 11”都意义非凡。一走进 ALOG 公司广州总部的办公室大门，赫然可见全体员工在宣誓板上写下的誓词：“决战双十一 & 我们在一起”。宣传海报挂满总部，环顾四周都是“双 11”购物狂欢节标语。继续向工作区走近，一位工作人员用谷歌眼镜规划出最佳拣货路径，另一位工作人员则用智能手表对产品进行扫描，一台台酷炫的智能机器人穿梭其间……

从 2012 年第一季度开始，ALOG 公司承接了天猫超市上海站

的仓储业务，之后几年又陆续接手遍布全国的仓储业务，天猫成为ALOG公司快速成长的见证者和同路人，公司六年间订单的增长量近千倍。

2019年天猫“双11”当日，阿里巴巴旗下平台的交易量达2684亿元。根据菜鸟网络给出的数据，2019年天猫“双11”全天物流订单达12.92亿元。通过天猫超市服务器流向ALOG公司的订单数以万计。同年，ALOG公司将业务拓展到跨境物流，与天猫国际、嗨淘等几十家互联网公司开展了合作，而且在全国五大综合保税区设立保税仓。如今ALOG公司已成为大中华区业务体量大、技术壁垒高的垂直第三方仓储物流平台。那么，究竟天猫是发现ALOG公司这匹千里马的伯乐还是为其提供数据支持的保护伞，这一问题有待探究。

1 融合有道：电商物流生态圈蓝图

1.1 物流App开启移动互联时代

近年来，随着信息化的蓬勃发展，以及移动互联网的迅猛崛起，物流行业依托传统PC端互联网建立的经营平台开始向移动互联网领域转移，一大批专业的物流App因此被开发出来并投入运作，在推动物流行业信息化水平提高的同时，为消费者提供了个性化的服务。

在物流App出现之前，电商物流行业中的快递企业按照传统的方式配送，其中需要经历多个环节，流程复杂，导致运输效率低，人为提高了成本，给快递员和客户都带来了极大的不便。随着物流App的成功开发和应用，这一传统配送方式得到改变。快递企业通过与外部合作，为消费者提供了查询和定位功能，进一步方便了客户。物流App具备一键转寄、服务点代收功能，不仅大大提高了配

送效率，而且让用户的取件时间和地点变得更加自由，满足了消费者对于个性化服务的需求。

1.2　大数据打造智慧物流系统

大数据是一种新型的智力资源，其特点是数量大、信息量足、具有很强的使用价值等。大数据可以通过平台运作为企业提供有价值的信息。对于物流企业来说，通过建设大数据平台，可以对物流各环节涉及的数据进行整合、分析，查找数据隐含的信息，查找问题，优化流程，准确把握客户需求，提升服务水平。

1.3　物联网推动电商物流发展

物联网（IOT）通过射频识别、全球定位系统、激光扫描等信息设备及技术，将物品和网络连接起来，进行信息交换，最终实现智能化定位、识别、监控以及管理。将物联网技术应用于物流业，能够进一步促进物流业发展，使物流业更智能化、信息化，实现物流流程优化，完善物流各个环节。在生产环节，产品电子代码技术的广泛应用有利于提高生产率；在销售环节，互联网技术的发展使得销售市场进一步扩大；在运输环节，无线射频识别技术以及相关软件体系的应用，使得实时跟踪系统能够及时监控运输过程，提高运输效率；在仓储环节，各类智能系统的使用有助于提高作业效率，降低成本，提高库存管控能力；在配送环节，将互联网技术与配送流程结合，可以提升分拣效率，提高配送速度。

2　电商物流的诗和远方

2.1　趋势 1：出海 + 下乡

电商和物流密不可分，电商的发展带动物流扩容，物流的发展

反哺电商提速。在相融共生的大环境下，打通各个节点，构建电商物流生态圈是大势所趋。2015 年“双 11”期间，超过 3000 万国人购买了来自全球 100 多个国家和地区的产品，同时有 232 个国家和地区的消费者参与了“双 11”狂欢，跨境出口物流规模同比增长了 224%。技术在不断地改变着商业的形态，也在拓展着商业的边界。跨境电商迅猛发展，一度成为行业热词。同时，电商物流的农村化、本地化也在快速演进。伴随这样一个过程，物流行业从骨干线路的覆盖，进一步走向支线、“毛细血管”的覆盖。电商物流毛细体系的建立将成为今后最大的亮点。

2.2 趋势 2：产业空间集聚

2015 年，超过一千个电商产业园拔地而起，甚至有些并非新建的产业园，而是通过改造传统的过剩房地产园区，使其变成产业园。随着互联网打通商业信息链，以及去中间化趋势的日益明朗，原本依赖信息优势的电商企业面临巨大压力，很多开始转型升级。物流需要货物集聚，电商在园区的小集聚意味着货物的大流转、大集聚，园区集聚形成的对等开放与大规模协作，使得“互联网 + 产业园 + 物流园”的发展模式应运而生，这一模式也将成为电商物流发展布局的一大趋势。

3 ALOG 和天猫的不解之缘

3.1 ALOG 天猫项目资源介绍

阿里巴巴在广东省的第一个股权合作物流企业，即天猫超市的物流仓储供应商——广东心怡科技物流有限公司（以下简称 ALOG 公司）成立于 2004 年，是国内知名的物流供应商，目前已形成以电商仓储物流服务和电商仓储计算机技术服务为核心，在跨境电商、电商代运营等多个新兴产业齐头并进，能够提供国内先进的全方位供应链系统解决方案和系统管理服务的综合电商企业。2013 年起，ALOG 公司作为大中华地区领先的电子商务物流仓储服务商和菜鸟网络核心企业，主要向天猫超市提供货品流转过程中的仓储服务。自 ALOG 公司天猫项目成立以来，公司在仓库选址、布局、设备及人员上的投入不断增加，各仓库订单量越来越多。随着外部市场竞争越来越激烈，如何结合自身实际，整合内部资源，构建出符合公司未来发展方向的竞争战略，成为公司面临的一个重要课题。

（1）有形资源——仓库及分布。ALOG 公司成立于 2004 年，是大中华地区领先的第三方物流供应商，2014 年起成为中国领先的电商仓储服务供应商。截至 2018 年，公司在全国拥有近 200 万平方米的仓储面积，直营仓库遍布中国的东西部，并且在国内共设有 88 个 RDC（区域分拨）中心，仓配网络覆盖全国 350 多个城市。基于面积大且数量多的仓库配置，公司可以给客户提供优质高效的出库服务。

其中，公司天猫项目下辖的六大电商仓库（广州仓、天津仓、苏州仓、武汉仓、成都仓、上海仓），成为天猫超市在华东、华南、华北、华中、西南等地区的一级仓储和配货中心，承担天猫超市商品储存、包装、深加工、配送等功能。

公司六大仓库联动，形成了以苏州、天津、成都、上海等为中心的 B2C 订单履行部门，电商订单信息中心位于公司总部。整个系统可以完成循环补货、优派（E 网配送）、优库（集中订单处理）、IT 系统集成等一体化的电商物流服务。

（2）无形资源介绍。

①先进的物流信息控制技术。ALOG 公司作为我国领先的第三方电商仓储服务商，拥有作为核心资源的仓库管理技术、WMS 仓储

管理系统（见图 1）。WMS 仓储管理系统是一个按照规则对仓库信息进行综合管理的应用系统，可以形成统一集成解决方案，最大化地满足有效产出和精确性操作的要求。

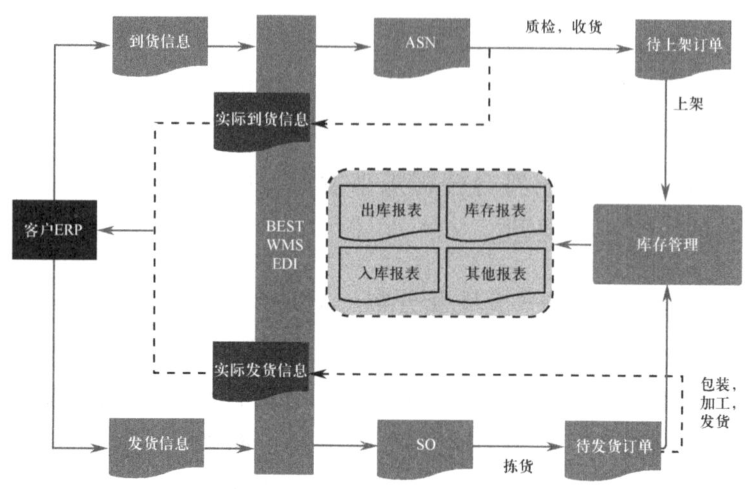

图 1　WMS 仓储管理系统

②优质健全的合作伙伴发展体系。从 2004 年起，ALOG 公司准确把握未来电商物流发展方向，充分利用其科技研发优势和资源优势，整合了一批物流运输供应商。目前，公司天猫项目基于菜鸟网络战略合作伙伴框架，与“三通一达”、百世快递、宅急送、顺丰等一批全国优秀的物流速递企业建立了合作伙伴关系，充分利用速递企业的物流资源，完善了区域配送系统，真正实现了区域内“12 小时送达”、区域间“28 小时到货”的快速配送服务。同时，构建了一套较为完善的配送绩效考核系统，开展高效的绩效管理。公司将合作伙伴分为金牌、银牌、合格、候选等层级，通过健全的激励机制强化了对各运输公司的管理（见图 2）。

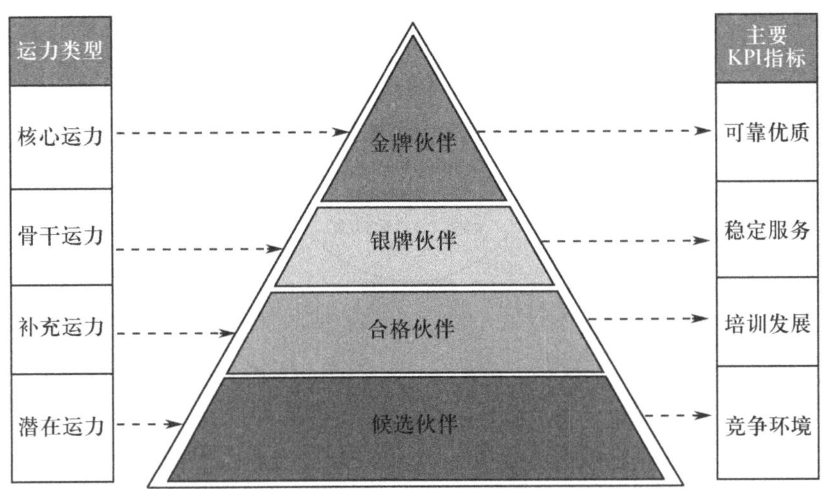

图 2 ALOG 公司供应商分类管理

3.2 天猫的智能管家

消费互联网的崛起带来物流行业的繁荣。在天猫“双 11”抢眼的销售数据背后，是电商仓储物流企业与电商平台的通力合作。

自 2012 年起，ALOG 公司进军电商物流，专注于供应链管理精益化进程，积极推进信息化系统建设，自主开发了拥有专利权的供应链管理软件，即 OMS（订单系统）、TMS（运输系统）和 WMS（仓储系统）。这些系统分别应用于订单管理、运输管理和仓储管理，囊括了从入仓安检、拣货单打印、标签打印粘贴、拣货验货、包装封箱到最后的系统交接的一整套工作流程，可实现与企业系统的无缝对接，如图 3 所示。

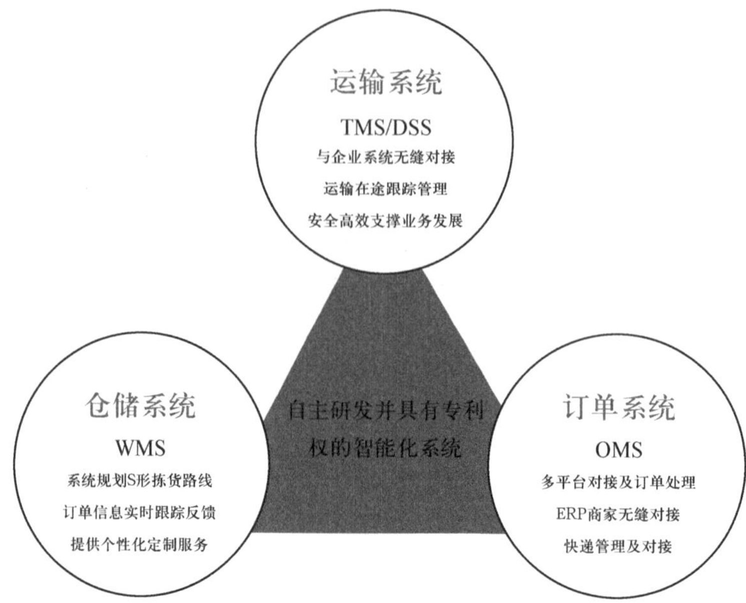

图 3　ALOG 公司智能化系统

3.2.1　互联网 + 订单管理

天猫超市“双 11”期间订单数量大，一个订单可能包含多种商品，品类不一，订单管理难度高。ALOG 公司通过菜鸟平台，运用自主研发的 OMS 订单管理系统与天猫超市直接对接，在后台记录消费者的每一笔订单，投单系统通过对订单上的货品进行分析对照，在派单时自动将不同消费者的类似订单归类到一起，优化组合，只需要几秒钟即可归类数以万计的订单，之后进入分拣流程。利用 OMS 系统可以对即时交易平台的流量和订单转化率进行精准观测，有效对接物流资源，提升货物周转速度，减少商品库存时间。

3.2.2　互联网 + 仓储管理

凭借强大的技术优势，WMS 仓储管理系统可以快速实现“分区分割、择优组合、切单合单”的仓库分拣。分区分割，指利用大数据挖掘技术，分析消费者购买偏好，根据商品的热销程度、消费者购物订单的商品组合规律，科学规划商品摆放区域；择优组合、切单合单，指系统通过对订单上的货品进行分析对照，自动将订单系统中比较相似的订单合并在一起，形成“合并拣选单”，分配给同一名分拣员进行拣货。“合并拣选单”由英文字母和数字组成，每一类商品变成一个SKU号，每一个SKU号有一个对应的库位编号，WMS订单系统针对“合并拣选单”上的商品库存信息，以商品的库位编号为顺序自动规划S形拣货路径，分拣员按照这条路径的指示走一遍，就能够迅速分拣订单上的所有商品，而且所走的距离最短。一名分拣员一次可同时处理多个订单，平均每单用时3~4分钟，科学高效，极大地提高了生产力。此外，ALOG公司物流园建有信息协同平台，全面实现园区无线网络覆盖，可以时刻记录人机交互信息，分析商品物流数据，即时优化资源配置。在被纳入菜鸟网络时，ALOG公司自主研发的WMS仓储管理系统也直接参与到CNS的“云数据”“云仓储”“云物流”的体系建设中。

3.3　创新基因铸就“天下第一仓”，成为业界独角兽

阿里巴巴曾为ALOG公司全国的仓储系统提出“天下第一仓”的企业愿景，希望ALOG公司和天猫超市的合作能够实现双赢。ALOG公司业务的核心竞争力来源于对电商资源的整合以及在仓内精细化业务上的合作，其仓储系统需要接受每年“双11”当日订单峰值的挑战。目前，ALOG公司没有出现过系统的动荡。在系统逻辑的计算和整个库链的优化、最优的拣货路径方面，ALOG公司花了很多时间和精力，以为客户提供平台化的服务，与此同时准备把系统数据服务应用到金融领域，为商家打造一站式的物流仓储交易平台，如图4所示。

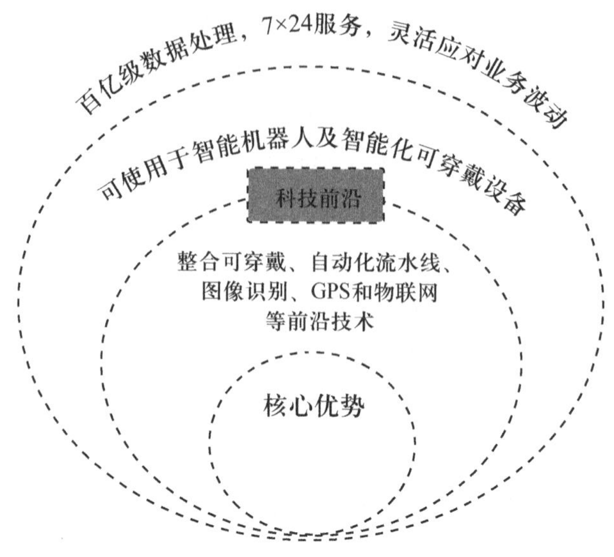

图 4　ALOG 公司的核心优势

3.3.1　北上广扩增临时仓

随着天猫超市业务日单量的快速增长，ALOG 公司的天猫超市仓库总面积相较 2014 年扩容了 6 倍。尽管天猫超市仓库面积成倍增长，但每当“双 11”波峰来临，订单量呈几何级上涨时，作为第三方物流仓储的 ALOG 公司最担心的仍是爆仓风险。

为避免“双 11”出现爆仓的局面，ALOG 公司提前几个月就在北京、上海、广州等城市增加了 20 万 ~30 万平方米的临时仓库，即便活动当天订单量超过预期，这些临时仓库也会有冗余面积。此外，天猫“双 11”重点实施“全球狂欢”战略，使得跨境物流业务快速增长。ALOG 公司为天猫跨境业务扩大了 3 倍的仓储面积，订单量是之前的 100 倍。

3.3.2　引入自动仓

2015 年，ALOG 公司投资上亿元从奥地利提供仓储物流解决方案的 Knapp 公司引进了一套完整的自动化系统，而控制这套设备的“大脑”——WCS（仓库设备控制系统）和 WMS 等系统是由 ALOG

公司自主研发的。

人、自动化设备和系统三者结合，可以极大地提升仓库效能。然而，自动化设备投入使用以后，人力不会完全被机器替代。与传统仓库拣货员奔走在货架之间的情况不同，新仓库会在每一个货架区块分配一个职员，进行区域内拣货。天猫超市华南仓库 SKU 数量已经达到了 3 万多个，每样货品的大小和质量都不同，所以不能完全依靠机器拣货。这套系统的搭建已经基本结束，进入了测试阶段，另外华南自动化仓库和其他几个自动化仓库也将正式投入使用。

4　智慧仓储之“六脉神剑”

2004 年，中国物流业还处于萌芽阶段，几张纸、几支笔、一个仓库和一辆货车，就凭这几样简单的工具便可从事物流。正是这一年，ALOG 公司成立了。2012 年，第一个猫超仓在上海开仓；2014 年，在澳大利亚建立了第一个海外仓；2016 年，第一个无人仓在广州开仓。与此同时，快速成长的道路上也面临绊脚石——巨大的现金流压力。面对资金困难，ALOG 公司并未放弃对新技术的研制，这不仅使 ALOG 公司自诞生起就携带着科技基因，更让其在资金窘迫、环境恶劣、获客困难的跌跌撞撞中走出了一条不平凡的道路。

科技是物流业发展的推动力，为了避免“爆发力强而后劲不足”的风险，ALOG 公司一直在努力研发物流技术。为了提高自身生存竞争力，ALOG 公司基于“三化”核心竞争力，即智能化、全球化、平台化，研究出一套属于自己的“六脉神剑”剑谱，从而在“物流江湖”中来去自由、所向披靡。

4.1　“六脉神剑”第一剑——全网云仓体系

依托强大的全网云仓和快速物流网络，ALOG 公司为电商商家提

供了一系列柔性服务。如分仓备货，根据商家的销售预测，通过总仓和分仓之间的智能联动，科学调拨商品至多个仓库，实现就近配送，使 90% 的订单可当日达或次日达，同时可节约 30% 的订单配送成本，有效地解决了传统单仓模式发货造成的跨省发件量大、快递成本高、发货及派送时间长、用户投诉多等问题。而 ALOG 公司与天猫的战略合作，正反映了商家仓配一体化的需求。双方利用平台化发展优势，在智能匹配、运营监控、仓间调配等方面实现资源共享，同时围绕消费者体验和供应链模式进行创新尝试，在保证物流的时效性和安全性的基础上，为消费者提供更高品质的购物体验。

4.2 “六脉神剑”第二剑——智能拣选系统

为了适应不断增长的线上购物仓储需求，ALOG 公司把原址在东廷物流园的华南运营中心搬迁至菜鸟网络增城物流园，并建设自动化物流中心，使仓储面积足足扩大了 3 倍。扩区后的中心在“双 11”期间采用智能拣选系统，使每一单的拣货时间从动辄半个小时缩短到了 3 分钟。

这 3 分钟内，ALOG 公司的 WMS 仓库管理系统会对天猫超市推送的订单进行系统层面的分析和加工，将一段时间内类似的订单结合在一起。接着，系统会计算最优的拣货路径。之后，仓库工作人员便会根据拣货单来拣选货物，再把订单分装到各个拣货箱中，通过流水线输送到打包验货区域。负责这部分工作的员工根据订单进行验货、包装、贴标，然后进行配送路线的分拨。

4.3 “六脉神剑”第三剑——快速定位系统

菜鸟网络联合 ALOG 公司研发出可对亿万件商品精准定位的仓库管理系统，改变了传统的仓储作业模式，并且将自动化设备、谷歌眼镜、机器人等现代设施应用于仓库作业。仓内部署了视频快速定位系统，从而能用图像精准地跟踪用户订购的货物在仓内的实物处理过程，而不仅是通过系统上的数据来分析货物的操作过程。视频系统与 WMS 系统的无缝集成，可以实现准确用视频系统跟踪到 WMS 系统每个用户订单的处理实况。当用户对收到的货物有疑问，比如商品缺货、破损时，可以快速地从海量的视频资料中定位到商品当时的处理录像，提高异常问题的处理时效和准确性，有助于提供更好的用户体验。

4.4 “六脉神剑”第四剑——ABC 管理系统

仓内根据当前的商品销售情况，对货物进行动态 ABC 分类，并采取不同的管理方式。系统自动更新货品的 ABC 类别，对不同的 ABC 类别进行标记，指导操作员将不同类别的货物存储到事先规划的不同区域，并在各个流程环节对它们采取不同的管理方式。例如，A 类热销货品存储于拣货距离短、拣货集中度高的区域，便于操作员快速拣货；而销售频度不高的 C 类货品，则位于拣货距离较长的区域，存储采取小货格、多品混存的方式，便于提高整个仓库的存储效率。

4.5 “六脉神剑”第五剑——创新数据价值

ALOG 公司拥有一流的 IT 团队及数十台顶尖服务器，深耕数据挖掘及方案定制业务。通过数据的挖掘，可以精确分析仓库的动销情况，了解产品动销值，从而制定最佳的存储和运作方案，并结合当前仓储现状，合理安排库存和管理，让配送中心更高效地运转。为提高物流效率，ALOG 公司物流园为仓储一线工作人员配备了智能眼镜和谷歌手表，并配套自动化设备和智能机器人等高科技装备。拣货员运用谷歌眼镜快速扫描产品条码和货品区域，利用智能手表对产品条码进行扫描，拣货智能机器人的承重力可达 50 千克，速度达到 2 米 / 秒。拣货员将商品从货架取下后放置在智能机器人上，机器人会自动搬运到系统设置的目的地。

4.6 “六脉神剑”第六剑——供应链一体化

ALOG公司的服务不断向上下游延伸，现已成功完成F2C（Factory to Consumer）模式的打造。即商品历经“国外品牌工厂—海外仓—国际运输—国内保税仓—清关—国内快递—消费者”七个重要环节，实现全程系统打通，用户随时跟踪订单状态，不用再遥遥无期地等待跨境购买的商品。这套被命名为“心怡跨境速达”的跨境电商一体化系统，也是国内首套可以实现跨境购仓储物流全程跟踪的智能化系统。这预示着国际化将成为公司未来的发展方向。目前，公司已经在日本、韩国、美国、澳大利亚、荷兰、法国、英国、德国等国家和地区建立全控股子公司。紧抓天猫超市的国际化发展机遇，ALOG公司正向成为全球最大电商仓储物流企业的目标迈进。

5 工业 4.0 颠覆电商平台，电商物流置身何处

5.1 看不见硝烟的自我重塑

黑格尔曾说：“运伟大之思者，必行伟大之迷途。”如今阿里巴巴正面临着“迷途”：随着工业 4.0，即以智能制造为主导的第四次工业革命的到来，消费者将能够直接向智能工厂定制产品且价格更低，电商平台将会面临极大的压力，也许 10 年后电商平台会被“工业 4.0”淘汰出局。在这一背景下，唯有“自我颠覆”才不会被“时代颠覆”。

5.1.1 平台思维筑起高墙

目前国内主流的电商平台有 90% 以上不盈利，50% 以上亏损，真正赚钱的不到 5%，其中还包括贩售暴利产品、虚假品牌产品的店铺。如今，电商平台中的“高成本化”趋势越来越明显，出现典型的“丛林法则”现象：强者愈强，弱者愈弱。盈利与亏损构成金

字塔生态系统，这一商业生态系统值得反思。与此同时，电商平台的社会价值正在快速下滑。从 B2C 的商业生态链条看，产业链源头是品牌 + 产品（工厂），产业链尾部是消费者，中间环节包括工厂出货、经销商（代理、代运营）、平台入驻、拍摄制作、店铺运营维护、营销（引入流量）、服务（转化流量）、客服和售后、仓储发货。这、商业模式需要特定的消费群体对应特定的品牌产品，然而这种特定背后对应的收费站模式所消耗的“流量”和“路费”使商户负担越来越重，平台利润流呈现典型的“食物链能量转移规律”，某个商业链条一旦断裂，突破某个高点，就会发生质变。

微信就是绕过平台收费站的典型案例，颠覆了天猫式的购物逻辑。用户通过分享激发需求，先变成特定品牌和个人的粉丝，商家采用按需求响应的驱动模式，从工厂到消费者形成一条无通道的信息高速公路。因此，商品在工厂、在仓库、在货架、在虚拟的线上和线下都不要紧，只要通过“物联网、云服务”连接起来，卖家必然走向开放式专业经营。未来是“工业 4.0”的天下，消费者是第一推动力，定制模式将消费者转化为潜在生产者，智能制造成为最高效、最节约、最简约的生产方式，商品、消费者与制造者之间构成现代经济闭环系统。这一商业模式或将颠覆电商平台。

5.1.2 假货毒瘤烙下胎记

2015 年，新闻界传出一条爆炸性的新闻：阿里巴巴 PK 国家工商总局！这是怎么一回事？背后的真相是什么？多年来，假货问题成为一个社会毒瘤，如何解决假货问题成为一道世纪难题。单纯的技术解决思路已经陷入了社会怪圈，无论采用多么先进的技术，假货照样泛滥成灾，真所谓“道高一尺，魔高一丈”。因为技术解决路径是一种“被动式、消极式、盲目式、无奈型、高成本化、低效率型”的解决方式，根本不可能消除制售假货的思想根源与原始动机。

关于这个问题，还得从电商平台的原始设计开始说起。电商平台的创新在于将数百万个商户集中在互联网上进行虚拟化交易，但是对于商户提供的商品是否有假货，电商平台根本没有办法进行全维度的大数据化检验，而是商户在进入电商平台之初提供商品质量检验单，作为档案留在电商平台。然而，商户经营的商品与最初提供的产品检验单存在着时空分离性，电商平台不可能针对每一个商户的产品进行全维度的检查，这一制度设计本身就给销售假货留下一大漏洞。

现在，阿里巴巴创建“被动发现功能”，即平台一旦发现假货，将快速反馈给公安部门予以遏制。这一机制看似稳妥，却存在信息反馈滞后的问题，因此实际效果有限。

5.1.3 智能制造解构未来

进入 21 世纪以来，人类社会快速变换竞争方式：从 IT 时代进入 DT 时代，未来 10 年还将进入 IM（Intelligent Manufacturing）时代。IT 技术与 DT 技术的差异在于 DT 技术的核心是利他主义，这是互联网基因的高贵性所在。从 IT 时代进入 DT 时代的最大标志是创新商业思想的出现。DT 技术与 IM 技术的巨大差异在于 IM 技术的核心是原创主义，这是第四次工业革命向深度拓展的标志，人类经济方式从信息经济升级为知识经济。

从 DT 时代进入 IM 时代的最大标志是商业逻辑创新：经济第一创造者是永恒的市场主宰者。“消费互联网”将升级为“产业集群移动互联网”，电商平台将会面临被颠覆的可能。

5.2 物流之殇：一个“智能”的距离

物流是水，电商是舟，水能载舟，亦能覆舟。

电商企业一度陷入一个逻辑上的悖论，即究竟是要做客户还是要做市场。电商企业需要物流作为销售的延伸，从而提高用户的黏着度，但问题是物流企业需要依靠持续的技术革新维系其在开放平台中的核心竞争力，而“赔钱赚吆喝”的背后是电商行业的运营空间被大大挤压。由于物流技术革新和推广成本的水涨船高，电商领域的门槛会逐渐提高，竞争将进一步加剧，资金链紧张的物流合作商可能成为未来行业“洗牌”的牺牲品。

谈到新技术研发，德国弗劳恩霍夫物流研究院的应用研究机构已经成功推出智能料箱解决方案，即将嵌入式技术和互联网进行对接，形成智能的箱子集群，每个箱子都能把信息上传到网上，由此形成智能运输系统，智能箱子指导车辆要去的方向。又如，2014 年德国 CeMAT 展会上展出了可以横纵双方向行走的最新一代穿梭车系统，其在货架里可以同时实现垂直和水平高速移动。这样的技术在工业 4.0 时代无疑会给生产提供更大的柔性和更高效的自动化仓储系统。可以看到，在工业 4.0 时期，企业都把智能制造放到了重要的位置。而智能制造有自动化部分，有手工部分，也有人机互动部分，应根据产业情况进行相应的定位。

智能物流是工业 4.0 的核心组成部分，是应对电商危机的终极方案。在工业 4.0 的智能工厂框架中，智能物流仓储位于后端，是连接制造端和客户端的核心环节。生产制造工厂已经步入了工业 4.0 时代，那电商物流又如何才能达到工业 4.0 的标准呢？对于 ALOG 这样的物流企业，最难突破的瓶颈莫过于如何翻越电商发展的波峰波谷……

一、研究目的

通过本案例的分析，研究者可以了解电子商务企业在经营模式上的特点，在此基础上，分析 ALOG 公司天猫项目，对运营环境分析、运营战略制定与实施相关理论进行深入探讨。

二、启发思考题

（1）ALOG 公司与阿里巴巴跨界深度合作的背景是什么？双方各基于什么考虑？

（2）在“互联网 +”生态环境下，高效的仓储物流直接关乎用户体验，ALOG 公司如何结合自身实际制定措施，成为“天下第一仓”、业界独角兽？

（3）ALOG 公司是如何加强海外物流建设，成为跨境电商的淘金者的？未来 ALOG 公司如何规避“爆发力强而后劲不足”的风险？

（4）你是否赞同工业 4.0 将颠覆电商平台这一观点？智能物流是否是电商物流解除危机的唯一途径？

三、分析思路

研究者可以按照以下思路展开分析。

（1）阿里系完善的内部组织结构清晰地划分了平台业务与垂直业务之间的边界，清楚地界定了平台业务与垂直业务之间的关系。另外，阿里掌握“天网”大数据来源，推出物流信息管理系统“物流宝”，即“大数据+云计算”平台，形成一个连接卖家、仓储、快递和买家的超大数据枢纽，通过数据管理，以“货不动数据动”来分析和追踪各地物流资源使用情况，实现对物流资源的合理配置。

在阿里巴巴的宏图中，物流是其发展的短板。在该供应链上，各方都在为解决这一根本问题而发挥专业优势，并取得相关利益。阿里作为平台充当第四方物流，上游电商和终端消费者提供庞大的数据信息，ALOG公司等垂直合作商作为中游负责CSN订单系统、仓储系统、配送系统的再造，下游顺丰和“三通一达”负责“最后一公里”的递送。无论从阿里B2B到天猫，还是从天网物流宝到地网CSN，电商平台凭借其号召力和影响力，注入资金，进行信息化网络管理与智能数据分析，以合作的方式将第三方物流及仓储服务商集合起来，对现有资源和物流运作流程进行整合和再造，利用高新技术满足上游的多样化需求，让多方资金结算形成统一大后台，把脉产业链的每一个环节。

（2）ALOG公司运用高新技术实现科学规划、精准高效，即从商品入仓安检、拣货单打印、标签打印粘贴、拣货验货、包装封箱，到最后的系统交接的每一个环节、每一步流程、每一步操作，都经过精密推算和精耕细作，从而将仓储、商品、订单、人连接在一起，盘活整个物流配送链。

第一，将“统仓、分仓”的资源充分整合，实现货源共享、信息共享。统仓，要求统筹管理，所有订单统一发货。相对地，分仓指从多个渠道同时发货，又分为地区仓与平行仓两种。公司天猫项目应该发挥各仓的信息共享、货源共享优势，在统一信息平台的基础上建立一个全国虚拟仓，提升分仓反应速度。

第二，依据电商仓库特点，重新规划电商仓库内部布局。电子商务仓储的功能重在“通过”而非“储藏”，理论上说，货物的周转率越高越好，入库量应与出库量基本持平。因此，应该加强

对仓库收货区、作业区的重新规划，以时间为标准，加强对仓库货品的品质控制（QC），以电商信息流产生的顺序重新规划作业动线，防止出现作业动线交叉、作业等待、货物延迟的现象，提高作业效率。

第三，建立退换货（RMA）预警制度，减少退换货频率，提升配送效果。公司天猫项目仓库与天猫、各大速递协作商进行信息平台整合，实施货物跟踪机制，通过设置货物监控，在商品验收入库、在库分拣、包装、打发票等各个方面实现与客户的需求信息高度对应，多遍审核，降低货物退换货出现的概率。

（3）随着"互联网+"的发展，新兴互联网型物流企业遍地开花，各大传统物流企业开始转型。ALOG 公司在深耕国内电商物流市场的同时，早已看准时机向跨境电商发展。2014 年，ALOG 公司站到跨境电商的风口上，开始提供基于保税进口模式和阳光海淘直邮模式的跨境物流服务，并利用国外子公司的优势为国内商家提供海外货源。

怡购是 ALOG 供应链管理公司旗下供货平台，其不仅消除了商家自行采购产品的烦恼，更从商家的角度出发，为更好地建立起跨境电商的品牌，推出全链式服务，即从源产地采购进口产品到过海关再到国内外物流都由公司专门负责，商家只需登录怡购平台，就可以成功转型为跨境电商，从而在众多微商代理中脱颖而出。

在起步阶段，很多平台利用爆款去吸引流量，但跨境电商政策红利退去后，ALOG 公司决定不再走产品同质化的路线，所以国外子公司将开发更多的产品线，产生新的增量，更多地向整个供应链的上游延伸。

本案例具体分析思路如图 A 所示。

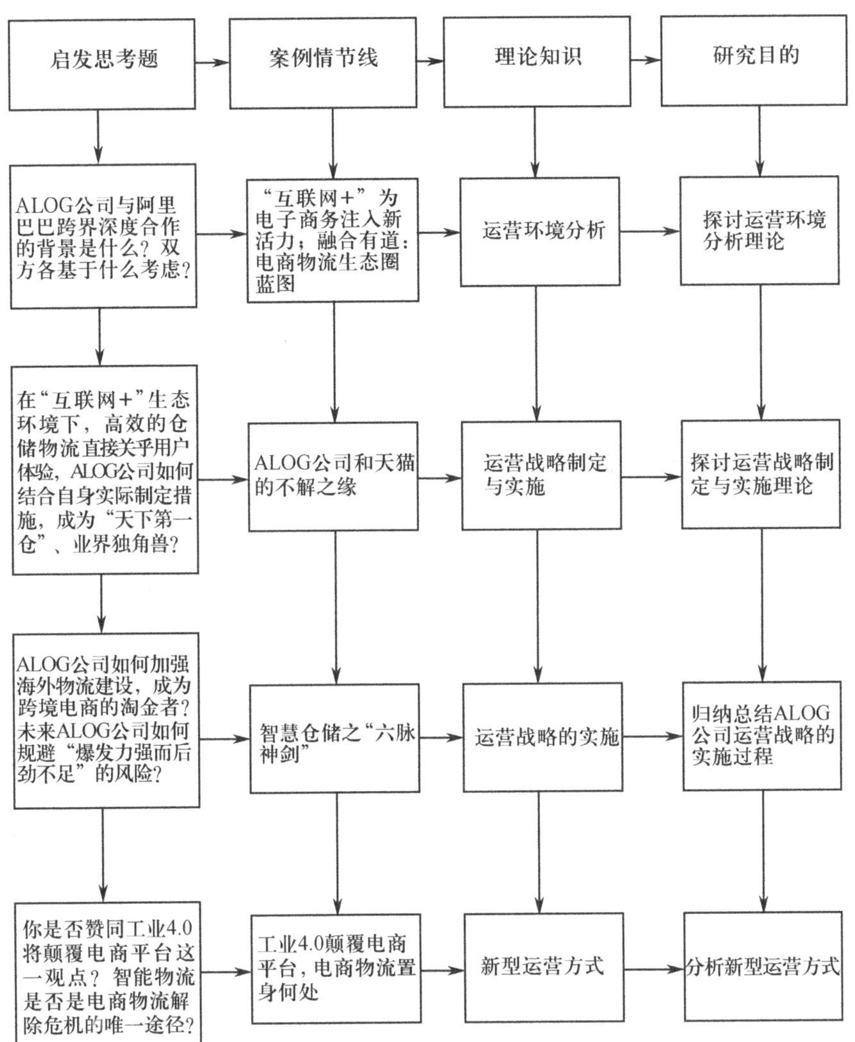

图A 案例分析思路图

四、理论依据与分析

（1）ALOG公司与阿里巴巴跨界深度合作的背景是什么？双方各基于什么考虑？

【理论知识】

运营是企业三大主要职能（财务、营销、运营）之一，是由环境、一系列输入、转化输出以及监测和控制机制所共同构成的系统。运营环境不仅包括企业内部产品从开发到市场供应的过程，还包括处于生产过程之外以某种方式影响生产或运营的事物。一般来说，企业无法改变错综复杂的运营环境，只能避开其中的不利因素，利用有利因素。有利因素会给企业带来机会，不利因素会给企业带来威胁和风险，因此应对企业所处的运营环境进行分析，发现有利因素和不利因素，扬长避短，发挥优势。

【案例分析】

1）合作背景。在互联网改变传统经营环境的背景下，传统商业理念也在发生变化，商业生态系统的理念逐渐为企业所接受。1996 年，Moore 提出了“商业生态模式”这一全新概念，以生物学中的生态模式来描述企业活动。1998 年，由于互联网的兴起，Gossain 等在 Moore 的基础上发现网络经济环境组织间的连接性非常大，其基于互联网科技的应用，与供应商伙伴合作构建新的商业生态系统并创造新的价值，至此“互联网商业生态系统”这一理论就出现了。时至今日，从整体性和关联性的研究视角可将互联网商业生态系统定义为：以互联网技术为核心，以用户价值为导向，通过跨界纵向产业链整合、横向用户关系圈扩展，打破工业化时代下产业边界和颠覆传统商业生态模式，实现链圈式价值重构的生态环境系统。

在互联网商业生态的大背景下，传统企业只有嵌入互联网商业生态系统，才能避免被颠覆的命运。例如，在互联网颠覆传统产业初露端倪之际，海尔集团就已经提前探索出平台化的运作模型，即海尔集团作为平台主（提供资源和功能性服务）与众多小微企业（包括原家电各事业部及海尔系统内部和外部的创业公司）建立连接，使海尔集团与众多小微企业共同构成一个商业生态系统，从而提高了海尔集团的生存能力，减少了被颠覆的风险。互联网改变了传统商业生态，使传统企业的边界变得模糊并出现跨行业合作现象，企业与众多跨产业组织形成生态圈，共同演化以适应外界环境的变迁和顾客需求的转变。

2）运营环境分析。随着我国经济水平的不断提高以及“互联网+”的出现，网民对网购的接受程度日益提升。中国产业研究院有关数据显示，由于我国持续推进互联网普及工作，截至 2019 年 6 月，我国网民数量达到 8.54 亿人，较 2018 年底增长 2598 万人，互联网普及率达到 61.2%。“互联网+”的出现不仅勾起了消费者对网购的兴趣，还为电子商务企业的发展提供了新思路，即通过互联网的手段打造能够聚合庞大的买家及卖家资源的第三方电商平台，打破传统社会零售交易的时空限制，彻底实现网民足不出户就可购买到商品，提高整体社会零售的交易效率。

互联网商业生态系统的构建，一方面帮助品牌方拓展销售渠道，降低经营成本；另一方面帮助消费者扩充购买渠道，增强信息透明度，有效提高社会价值和经济效益。然而，在互联网商业生态环境下，阿里、ALOG 公司的运营过程并非一帆风顺，市场需求增大、消费者需求变化、行业竞争加强等不利因素会成为发展道路上的绊脚石。

第一，市场需求增大的影响。

如今是“互联网+”盛行的时代，市场需求量增大。2019 年天猫“双 11”全天成交额达 2684 亿元，相比 2018 年的 2135 亿元增长了 25.7%；2019 年天猫“双 11”物流订单达 12.92 亿元，相比 2018 年增长了 24%。这惊人的物流订单量对于没有自建物流的阿里无疑是巨大挑战。在阿里的宏图中，物流是其短板，平台化的阿里不能像京东商城一样自建物流，国内也没有一家或者几家公司可以

消化掉阿里如此巨大的物流需求，并且快递公司在全国的仓储物流方面存在一定的重复建设问题，在偏远地区资源分布不足，无法满足电商的发展需求。然而 ALOG 公司在国内共设有 88 个区域分拨中心，仓配网络覆盖了全国 350 多个城市，遍及中国东西部；在全球拥有 200 万平方米的仓储管理面积，以及 388 个全球供应链网络，日峰值订单处理能力最高可达 4000 多万件。基于面积庞大、数量繁多、高效率的仓库配置，ALOG 公司可以让客户享受到高品质的物流服务。因此，早在 2014 年阿里便注资成为第二大股东，使其成为阿里为数不多的核心物流合作伙伴中订单量最大的第三方物流。

第二，消费者需求变化的影响。

在互联网商业生态环境下，国内品牌已不能完全满足消费者的需求，海外购物已成为当下消费的热点。因此，天猫国际实行新的策略——“三新”策略，即引入“新品牌”“新商品”“新品类”以满足消费者的新需求，并设定了新的目标：重点孵化 9 大新趋势品类，“双 11”前引入超过 400 个海外新品牌，集中发布 3500 款以上的进口新品。

ALOG 公司在跨境物流方面也拥有自己的独特优势，目前其国际业务有以下四种。①全链路跨境物流。传统的跨境物流需要不同的供货商、仓库和物流公司共同完成整个流程，而 ALOG 公司可将海外品牌接到订单后的采货、理货、打包，一直到出库的一系列流程全部完成，一单到底，大大提高了物流效率。②跨境供应链服务。ALOG 公司直接与原产地品牌方对接，开展海外供应链建设及品牌引入，为国内外跨境电商物流平台提供一手货源，其产品种类覆盖化妆品、食品、母婴产品、保健品、电子产品等多个品类。③保税仓。ALOG 公司在广州、郑州、杭州等地布局四大保税仓，来自 75 个国家和地区的商品源源不断地发往全国各地。④海外仓。出口企业可将货物批量发至海外仓，实现本地销售发货。ALOG 公司正是凭借这四大业务，获得了越来越多海外品牌的授权。

第三，行业竞争者的影响。

互联网的普及和网购用户规模的持续增长，不仅意味着传统的零售业格局需要转变，而且创造了电商和用户对物流服务的刚需。然而，当今中国现有电商的发展远超物流业的发展，因此在更注重用户体验的电商时代，有实力的大型电商纷纷斥巨资自建物流，特别是京东商城，已在全国建设 6 大物流中心，在 360 个城市中建有 800 个配送站点和 300 个自提点，形成覆盖全国 1037 个行政区县的庞大网络，这是顺丰和 EMS 外，其他物流公司所无法比肩的。

第四，技术发展的影响。

随着电商购物逐渐成为生活中不可或缺的一部分，“仓储发货”应运而生，这是一种协助电商企业进行货物仓储管理和发货的专业性服务，是电商企业提升营业额和市场竞争力的关键所在。

精准的仓配离不开强大的科技，ALOG 公司始终坚持“让科技物流为商家创造价值”的使命，深耕互联网和人工智能技术，致力于构建一站式供应链生态系统。科技是 ALOG 公司发展的驱动力，从 2004 年到 2019 年，ALOG 公司自主研发了十一种智能技术，包括无人仓、智能机器人，并有十大自研系统（TMS 运输管理系统、WMS 仓储系统、WCS 仓储控制系统、OMS 订单系统、机器人管理系统、智能搬运系统、心怡大数据平台、跨境速达辅助报关系统、BOSS 业务运营支撑系统以及 BS 结算系统）在背后做辅助工作。十余年里，正是 TMS 等十大自研系统协助 ALOG 公司打过一场又一场“双 11”“618”大促战役，也正是通过这一场场大促战役，奠定了其在天猫商城至高无上的仓储服务地位，同时使其成为天猫国际的重要物流伙伴。

在互联网商业生态环境下，阿里之所以选择让 ALOG 公司负责天猫超市的开仓核心管理，正是看中 ALOG 公司的科技力量以及在

智能化仓配管理建设方面的能力。

（2）在“互联网 +”生态环境下，高效的仓储物流直接关乎用户体验，ALOG 公司如何结合自身实际制定措施，成为“天下第一仓”、业界独角兽？

【理论知识】

运营战略作为企业整体战略体系中的一项职能战略，主要解决的问题是在运营管理职能领域内如何支持和配合企业在市场中获得竞争优势。运营战略一般分为两大类：一类是结构性战略，涉及运营能力、设施选址、流程选择和纵向集成等长期的战略决策问题；另一类是基础性战略，涉及劳动力的数量和技能水平、产品的质量、生产计划和控制以及企业的组织结构等时间跨度相对较短的决策问题。

企业的运营战略是由企业的竞争优势要素构建的。竞争优势要素包括低成本、高质量、快速交货、柔性和服务。企业的核心能力就是企业独有的、获取竞争优势要素的能力，因此，企业的核心能力必须与竞争优势要素协调一致。

运营战略的制定一般有以下几个步骤。

1）明确首要目标。

2）对公司进行定位（确定公司如何在市场中竞争）。

3）评价核心竞争力（如成本低、质量高、服务好等）。

4）确定订单赢得要素和订单资格要素（订单赢得要素是指产品或者服务能够在市场上赢得订单的特征；订单资格要素是指产品或服务能被客户考虑购买的特征）。

5）战略实施。

【案例分析】

真正高技术的优质物流服务是精准的仓储和配送，未来的物流体系会根据客户的具体需求时间进行科学配载，调整仓储和配送计划，实现用户定义的时间范围的精准储运和送达。对于ALOG公司这个物流行业的领军者来说，其不仅在成本控制、服务、环保方面拥有优势，而且还拥有丰厚的科技资源。ALOG公司能在当前残酷的竞争中脱颖而出，成为行业中的佼佼者，与公司运营战略的制定与实施（见图B）有很大的关系。

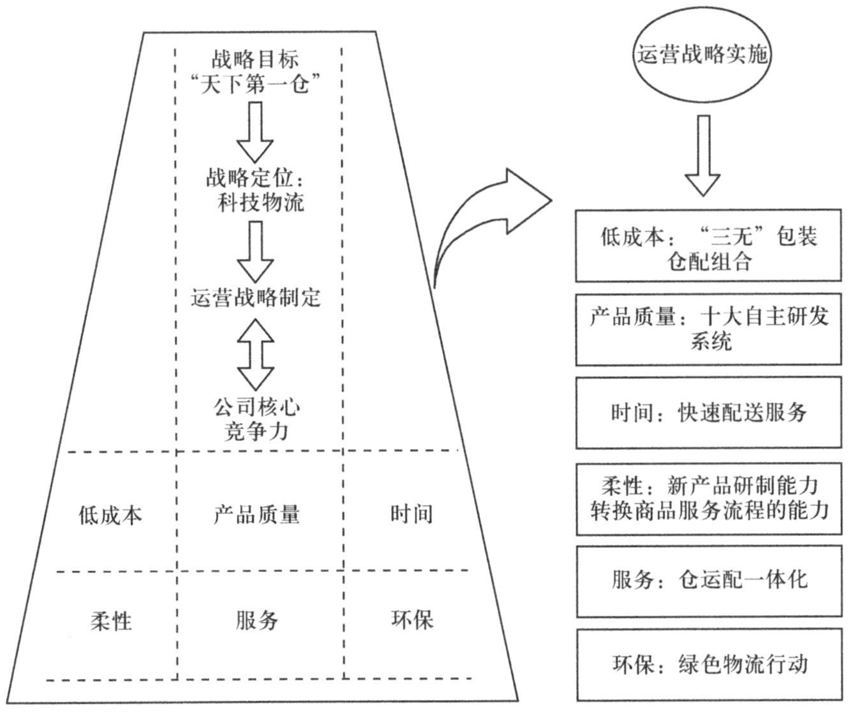

图B　ALOG公司运营战略制定与实施分析图

1）低成本：“三无”包装+仓配组合。

“三无”包装：ALOG公司物流采用无胶带、无新增纸箱、无填充物的包装，并且绿色仓库内所有包裹全面启用 RF 枪拣选以减少纸张浪费，能够对数万 SKU 实现循环箱配送，具有材料精简、覆盖全流程和成本低的优势。

仓配组合：ALOG 公司通过规模化运营和丰富的行业经验可以短时间内实现科学化的仓库货物管理，从而降低物流成本，如人力成本、包装成本、仓配管理成本等。利用仓配组合后，货品都是提前批量运到距离消费者较近的仓库内，网上下单后最快能 1 个小时送达消费者手上。这不仅大大降低了物流成本，还提高了时效。

2）产品质量：十大自主研发系统。

ALOG 公司进入电商物流界后，自主研发了十大系统，即 TMS 运输管理系统、WMS 仓储系统、WCS 仓储控制系统、OMS 订单系统、机器人管理系统、智能搬运系统、心怡大数据平台、跨境速达辅助报关系统、BOSS 业务运营支撑系统以及 BS 结算系统。这些系统应用于运输管理、仓储管理、订单管理以及账单管理等，涉及货物进入安检、拣货单打印、标签粘贴、验货拣货、包装封箱等一系列流程，实现了运输、仓储、订单三流程无缝对接。

3）时间：快速配送服务。

公司的战略资源不仅可以从公司内部产生，也可以从公司外部战略伙伴那里得到。目前，ALOG 天猫项目基于菜鸟网络战略合作伙伴框架，与顺丰、宅急送、“四通一达”等优秀的物流企业建立长期的合作伙伴关系，充分利用了企业间的物流资源，完善了区域间的配送系统，实现了区域内“12 小时送达”、区域间“28 小时到货”的物流服务目标。

4）柔性：新产品研制能力 + 转换商品服务流程的能力。

ALOG 公司基于运营和技术两大基因，更注重科技在物流业中的场景化应用以及新产品的研制。近年来，ALOG公司把技术、工具和人三者结合起来自主研发的系统陪伴公司打过一场场“618”“双11”等大促战役，满足了顾客的需求。目前，ALOG公司单仓最高SKU达到4万多，大促订单波峰可以达到日常单量的几十倍甚至上百倍。此外，基于全链路销售预测、算法和大数据，ALOG公司在换货、选品和调拨上均拥有快速转换商品服务流程的能力。

5）服务：仓运配一体化。

ALOG公司秉持“物流不是一种成本，而是一种价值”的服务理念，提供仓运配一体化托管服务，包括服务订购、售前准备、货品入库、订单配送以及监控五大服务流程，不仅可以根据商家的商品属性提供合理化的销售方案，还可以提供合适的物流组合，极大地提高了商品周转率。

6）环保：绿色物流行动。

A LOG公司在环保方面的行动有两方面：产品环保和流程环保。

产品环保：为响应绿色物流理念，绿色仓库内使用的循环箱实现“三无”包装，即无胶带、无新增纸箱、无填充物。在快递包装材料方面，绿色仓库内的所有包裹全面启用RF枪拣选，可以减少纸张使用。

流程环保：ALOG公司联手消费者，打出“要购物也要环保”的旗号。从消费者下单起，绿色仓库内便使用循环箱拣货、装货，之后直接封箱，删去了再次包装、复核、拣货环节，可直接出仓。交给配送环节后，快递员也是直接将循环箱送到消费者手中，消费者当面签收，开箱取出商品后，循环箱将被快递员收回。

ALOG公司的绿色物流行动如图C所示。

图 C　ALOG 公司绿色物流行动示意图

（3）ALOG 公司是如何加强海外物流建设，成为跨境电商的淘金者的？未来 ALOG 公司如何规避“爆发力强而后劲不足”的风险？

【案例分析】

2015 年《天猫规则》的推出使物流企业从“发货速度”“物流速度”两项目标转向“物流服务”，这意味着服务将成为影响消费者购物体验的一个重要环节。在当今互联网商业生态环境下，身为行业领军者的 ALOG 公司也成为综合电商物流服务商。为了实现成为全球最大的电商仓储物流企业这一目标，ALOG 公司基于成本、科技产品、配送时间以及跨境服务四大优势进行了运营战略的制定与实施（见图 D），这对于其加强海外物流建设，成为跨境电商的淘金者起到了至关重要的作用。

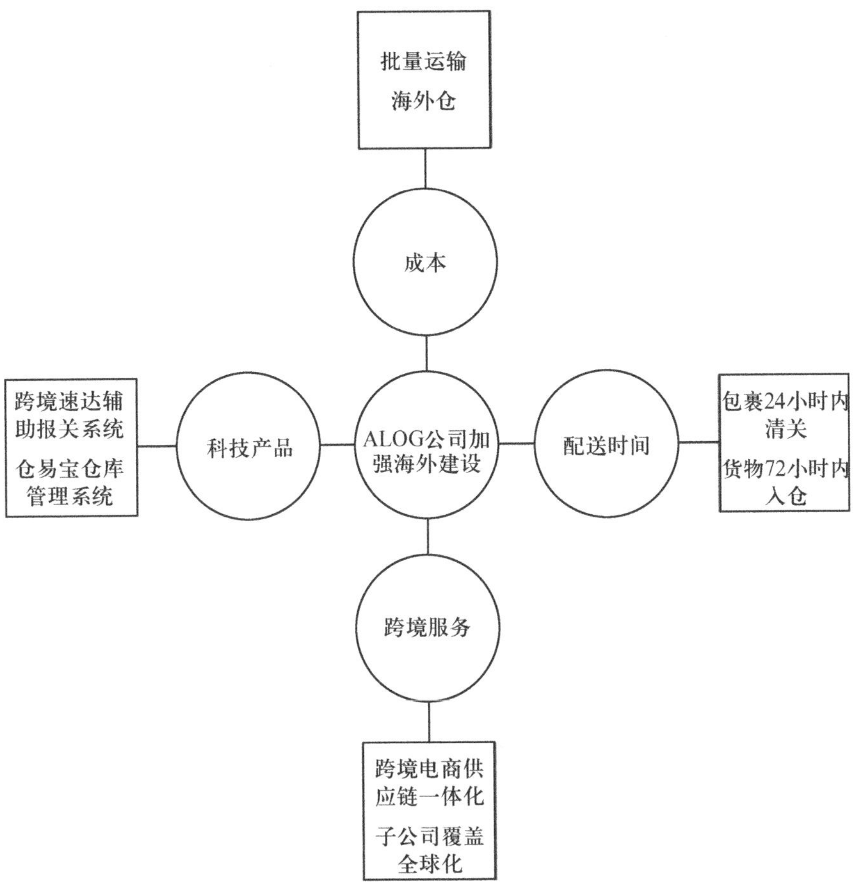

图D ALOG公司加强海外物流建设分析图

1）成本方面：批量运输+海外仓。

从品牌方的角度来看，传统的品牌方会选择找不同的供货商、物流商和仓库来完成供货流程，需要面对多个对接环节。而ALOG公司拥有具备双向功能的海外仓，可将中国产品送出、海外产品引入。品牌方产品可以通过批量运输放入海外仓，品牌方收到订单之后的采货、提货、理货、打包和出库等流程全部由ALOG公司处理，大大提高了物流效率，减少了物流成本。

另外，在物流运输方式上，ALOG公司采用批量运输，有效地

降低了运输、清关、商检等频次，大幅度减少了客户的物流成本。

2）科技产品方面：跨境速达辅助报关系统＋仓易宝仓库管理系统

海外物流主要依托两大自主研发系统：跨境速达辅助报关系统和仓易宝仓库管理系统（WMS）。ALOG 公司服务于客户的业务增长、企业成长，助力客户在不同的经济环境中应对自如，满足智能分仓、销售辅助分析、物流跟踪和大数据分析等个性化需求，并且实现商家系统与海关和仓库系统的对接。

跨境速达辅助报关系统：基于互联网技术实现跨境电商的全程报关、报检管理，实现跨境电商的一站式服务。该系统拥有信息全程跟踪、方便快捷、一键通关的特点。

仓易宝仓库管理系统：ALOG 公司专注于仓储领域的持续优化和系统建设，研制出 WMS 仓库管理系统，可对货物进行分区分割、择优组合、切单合单，并且支持多业态、多模式下的各类复杂场景，提升了电商供应链整体的聚集和协同价值，实现了低成本、高效率的运营实践。

3）配送时间方面：包裹 24 小时内清关＋货物 72 小时内入仓。

ALOG 公司拥有长期的服务合作伙伴，其稳定的物流服务系统保证了清关入仓的时效，可实现货物到港后 72 小时内入仓，相比于行业其他物流公司的一般水平要快 24 小时，并且除高峰期外，所有包裹清关出区的时间均在 24 小时之内。

4）跨境服务方面：跨境电商供应链一体化＋子公司覆盖全球化。

跨境电商供应链一体化：ALOG 公司已形成 F2C 模式，并且已经构建了“心怡跨境速达”跨境电商一体化系统，覆盖海外商家发货、海外仓、国际运输、国内保税仓、清关、国内配送、用户收货七大流程（见图 E、图 F），帮助广大消费者实现了跨境购买商品的愿望。

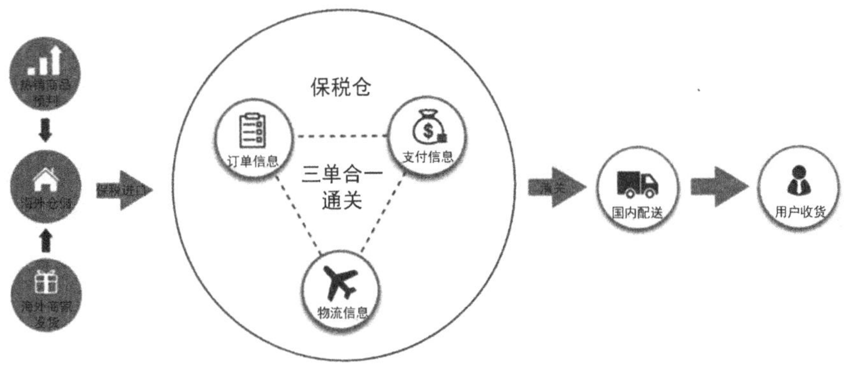

图 E ALOG 公司跨境进口流程图

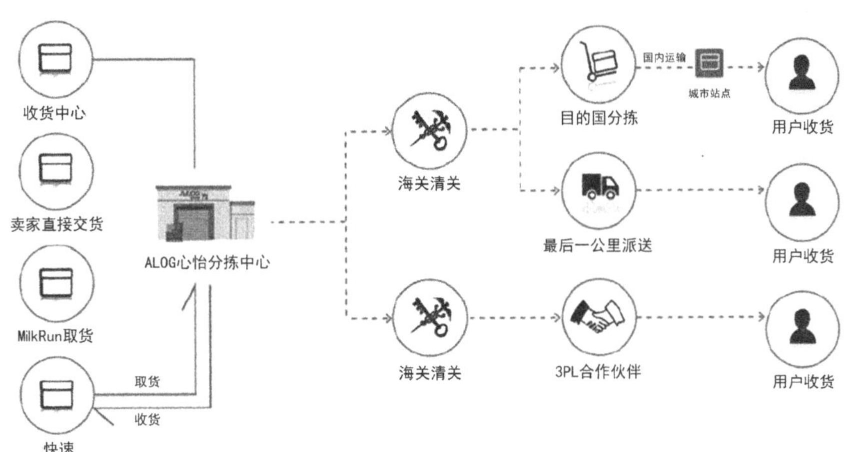

图 F ALOG 公司跨境出口流程图

“心怡跨境速达”这一系统不仅为广大消费者跨境购买商品带来了便利，同时也是我国首套实现跨境购仓储物流全程跟踪的智能化系统，这不仅说明 ALOG 公司已经成为跨境电商物流企业，也预示着我国物流业正往国际化方向发展。2014 年起，ALOG 公司开启全球化布局，目前已经在日本、韩国、美国、澳大利亚、荷兰、法国、英国、德国、意大利、俄罗斯、印度尼西亚、马来西亚、新加坡、泰国、中国香港、越南、中国台湾等国家和地区建立全控股子公司，为商家提供跨境物流、海外品牌直采等一体化服务。

从 2004 年至 2019 年，中国物流行业发生了翻天覆地的变化。作为行业领军者的 ALOG 公司，也从蹒跚学步的孩子成长为意气风发的少年。科技是物流业发展的推动力，为了提高核心竞争力，ALOG 公司一直在物流科技上下功夫。为了规避“爆发力强而后劲不足的”风险，ALOG 公司基于平台化、智能化、全球化，研究出一套属于自己的“六脉神剑”剑谱（见图 G）。

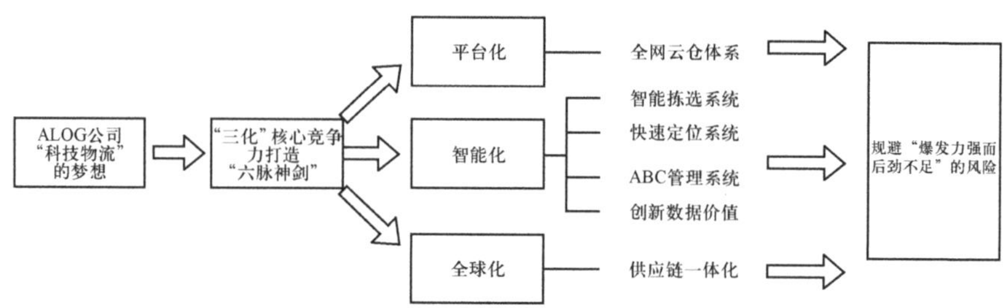

图 G　ALOG 公司规避风险分析图

平台化：打通供应链上下游信息通道，建立强大的全网云仓体系，在智能匹配、运营监控、仓间调配等方面实现了全程信息在线和资源共享，大大解决了跨省发件量大、快递成本高、发货时间长的问题，为顾客提供了更优质的购物体验。

智能化：通过算法、系统以及高效决策，研制出智能拣选系统、快速定位系统、ABC 管理系统，并将创新数据价值运用于货物仓储配送中，从而精确分析仓库的动销情况，大大提高货物管理效率，促使供应链管理更加智慧。

全球化：整合国内外资源实现跨境供应链一体化，在全球多个国家和地区建立了全控股子公司。外购商品经过海外商家发货、海外仓、国际运输、国内保税仓、清关、国内快递、用户收货七个重要环节，公司可进行全程跟踪。

借助平台化、智能化、全球化打下的良好基础，ALOG公司得以克服重重困难，勇往直前，“爆发力强而后劲不足”的隐患也便不复存在了。

（4）你是否赞同工业4.0将颠覆电商平台这一观点？智能物流是否是电商物流解除危机的唯一途径？

【案例分析】

可能的分析思路是：工业4.0通过将智能机器、工业互联网和人三者相连接，结合大数据分析实现生产智能化，大幅度地提高了生产力。工业4.0流水线在无线射频、工业以太网、在线条码、二维码比对、影像识别、机器人应用等技术上实现了重大突破，工厂可直接对消费者订单进行生产，删除了商品流通和销售环节，大大降低了货物储存成本、人工成本、货物管理成本等，相比传统的销售模式，总成本下降近40%。在这种情况下，消费者购买商品的价格要比电商平台销售商品的价格更便宜。电商平台只是负责商品的网络销售，而工业4.0时代下，消费者会更倾向于向智能工厂订购价格更低的商品，此时电商平台将面临极大的威胁。

随着工业4.0时代的到来，颠覆电商平台成为必然，谁最大限度地让消费者自由选择谁的产品，谁最大限度地节约资源，谁最大限度地将高科技成果转化为现实生产工具，谁就是未来10年后最具有影响力的智慧物流商人。智能物流是工业4.0不可或缺的一部分，它利用传感器、条形码、射频识别、全球定位系统等物联网技术，通过网络通信技术平台应用于物流仓配、包装、出库、配送、运输等多个环节，实现了货物运输的自动化运作和高效率优化，降低了物流成本，提高了物流服务水平。智能物流在技术上要求实现“五大流程”，即物品识别、物品溯源、物品监控、物品地点跟踪以及实时响应；在功能上要求实现“六个正确”，即正确的数量、正确的价格、正确的时间、正确的地点、正确的质量以及正确的产品。工业4.0时代最核心的战略是打造“高智慧、高质量、高效率”的优质服务，将全球的“知识创造—科技化实验—新产品研发—智能制造—智慧服务”构成一个高效率的价值链，创新全球的经济生态系统。依靠电商平台稳定的市场环境、优质的人脉资源、雄厚的资金实力，电商物流进行一次伟大的变革，还是有可能成功的。所以在工业 4.0 时代，电商物流需要与时俱进，实现智能物流是解除危机的唯一途径。

五、关键要点

在互联网、大数据、云计算等不断发展的背景下，人们开始用互联网思维对市场、用户、产品、企业价值链乃至整个商业生态进行重新审视，不断改写商业规则。互联网商业生态发展对市场竞争方式、商业游戏规则、企业生存方式、资源整合模式、经济利益分配方式、商业环境、社会氛围等方面提出了新的挑战。物流互联网化可以聚集最广大的用户群体，以创新物流服务模式加强企业运营和管理，及时把用户流转化为资金流，与各方共同营造健康的物流生态圈。

六、相关材料

1. 互联网商业生态系统的发展历程

生态系统的概念起源于 1935 年。英国著名生态学家 Tansley 基于环境、个体、组织的相互作用，认为“生态系统是一个系统的整体概念，它是由有机复合体和形成环境的物理因子复合体构成的”。这一概念的提出为后来者将生态系统拓展到社会科学中的“生态系统”命题奠定了良好的基础。

20 世纪 50 年代，经济学家提出了“经济进化论”，首次将上述生态学观点运用到经济管理领域。从此以后，在管理理论研究中渐渐出现了演化、进化等生态隐喻，生态学观点日益受到关注和重视。1993 年，“商业生态模式”这一全新的概念被美国学者 Moore 提出。

1996 年，Moore 利用商业生态系统理论，以生物学中的生态模式来描述企业活动，将商业生态演化过程中企业的商业活动划分为开拓、扩展、领导和更新四个阶段，认为一个完整的商业生态模式包括生产出的产品或服务、目标客户、价值链。

1998 年，由于互联网的兴起，Gossain 等在 Moore 的基础上发现网络经济环境组织间的连接性非常大，其基于互联网科技的应用，与供应商伙伴合作构建新的商业生态系统并创造新的价值，至此“互联网商业生态系统”这一理论就出现了。Mikel 等在 2014 年通过研究亚马逊、苹果、三星等互联网行业组织，在互联网商业生态系统的基础上，引入表观遗传学的观点描述了其竞争环境和自身的发展。

互联网商业生态系统的发展历程如图 H 所示。

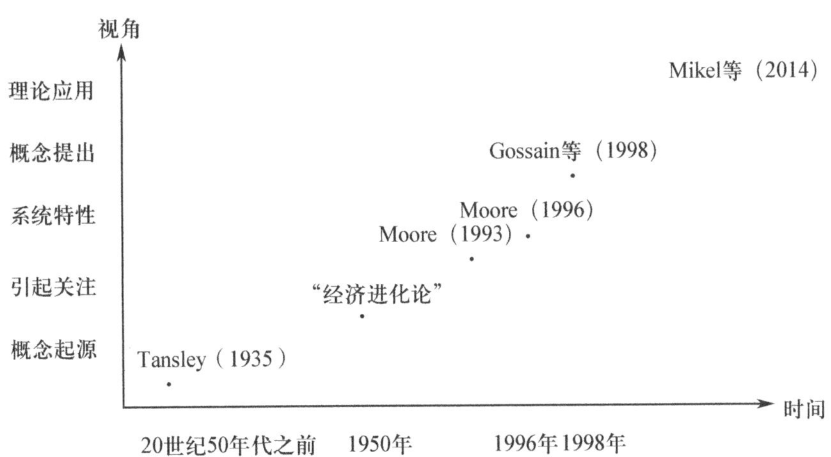

图 H 互联网商业生态系统的发展历程

2. 电子商务的发展历程

过去几十年，我国电子商务的发展历程可分为三个阶段：培育期（1999—2005 年）、创新期（2006—2015 年）和引领期（2016—2019 年）。作为改革开放成果的重要组成部分，我国电子商务持续

快速发展，各种新业态应运而生，在增强经济发展活力、提高资源配置效率、推动传统产业转型升级、开辟就业创业渠道等方面起到了至关重要的作用。

第一阶段：培育期

培育期的典型特征是适者生存，没有固定的发展模式，各种创新层见叠出。早期的电子商务主要包括零售商自营网站、门户网站电商、电商综合平台、黄页与信息展示四种模式。培育期的典型商业探索有中国黄页、携程网等案例。在政府层面，商务部、国际电子商务中心等也积极探索，开办了中国商品交易市场、在线广交会、中国国际电子商务应用博览会等。

第二阶段：创新期

创新期的典型特征是适者生存，互联网人口红利得到充分释放。我国电子商务的竞争在深度、广度和强度上持续升级，电商领域的资本、技术迎来全面创新。同时，随着物流服务技术与互联网技术的广泛传播，出现了由在线支付、物流等支撑服务业与衍生服务业构成的电子商务生态系统。

第三阶段：引领期

引领期的电子商务发展以内容和社交为核心，把重点转向了工业和农业领域。这一时期，电子商务的发展呈现多样性，微博、抖音、今日头条等内容和娱乐视频网站的兴起塑造了电子商务发展的新产业格局，拼多多、微信、小红书等模式不断除旧布新，内容电商和社交娱乐电商成为该时期电子商务模式的核心力量。

3. 电商平台的优势

电商平台借助移动互联网，建设跨时空、多维度、动态化、交互式、虚拟化与实体化融合的现代交易方式，实现传统商业模式根本不可能实现的全球高度集中式大消费，呈现惊人的爆发力和冲击波。全球产业链借助电商平台，可以将复杂、多环节、多渠道、慢过程、高成本的传统交易方式转化为简约、直接、节约、快捷的现代交易方式，使传统商业秘诀透明化，改变商业游戏规则。

4. 工业4.0

工业4.0更像是一种虚实融合系统，这其中，工厂生产的产品为实体，网络技术则为虚，把两者融合为一体就是工业4.0的核心内容。这不仅要涉及传统的互联网，也涉及现在正在发展的物联网，以及未来更加综合的网络服务平台。虚实融合系统要与其他系统进行对接，就需要与一个或多个云进行沟通，这样的系统一般需要用到传感器，也就是说，它既能感知周边的环境信息，也能根据得到的指令，与环境有感知地进行互动。执行动作需要分散的智能控制系统，它能够通过感知周围相应的信息，智能地控制系统来执行相关指令。

在工业4.0时代，产品与生产设备之间、不同的生产设备之间通过数据交互连接到一起，让工厂内部纵向之间甚至工厂与工厂横向之间都能成为大系统，实现生产智能化。工业4.0流水线在无线射频、工业以太网、在线条码、二维码比对、影像识别、机器人应用等技术上实现重大突破，直接将人、设备与产品实时联通，工厂接受消费者的订单直接备料生产，省去销售和流通环节，总成本（人工成本、物料成本、管理成本）下降近40%，消费者通过工业4.0订购的商品比天猫网购还要便宜。

天猫连接的只是网店卖家和消费者，扮演的只是网络销售渠道商的角色。在工业4.0时代，当消费者可以直接向智能工厂定制商品，且价格更低时，天猫这样的电商平台将面临极大的压力。

5. 智能物流

智能物流是工业4.0的核心组成部分，是降低社会仓储物流成本的终极方案：在工业4.0的智能工厂框架中，智能物流仓储位于后端，是连接制造端和客户端的核心环节。与美国、日本等发达国家相比，我国单位 GDP 中的仓储成本占比是这些国家的 2~3 倍，并且这一差值近些年来呈现逐步扩大的趋势，而智能物流仓储系统具备节约劳动力成本、节约租金成本、提升管理效率等方面的优势（在保证同等储存能力的条件下，估计自动化仓储可至少节约 70% 以上的土地和 80% 以上的劳动力），是降低社会仓储物流成本的终极解决方案。如今，仓储物流的各个环节正逐步迈向智能化。

（1）搬运环节。现今普遍用的是液压托盘搬运车和电动托盘搬运车，无人智能搬运设备在电商仓库用得比较少，AGV 在生产工厂用得多，Kiva 类搬运机器人目前比较火，亚马逊运用得比较深入。这种模式是否为未来发展的方向，还需时间验证。

（2）存储环节。仓库普遍用的是地堆、隔板货架，其存储密度不高，占用库房面积大，存储成本高。高密度存储设备较成熟的是立体仓库（AS/RS），货到人设备正被国内外企业尝试应用，亚马逊通过 Kiva 机器人来实现货到人的作业模式。货到人模式是以后智能仓库的发展方向，但是否适合电商模式，还需时间验证。

（3）拣货环节。拣货是仓库中人力密集的作业环节，目前一般仓库还是采用人海战术，但通过使用输送线、电子标签等设备提高了效率，尽量减少了人员行走距离，进而演变出货到人技术。对于拣货机器人、机械臂配合图像识别技术拣货，目前国内外都有尝试，但是有诸多障碍需要攻克。

（4）智能穿戴环节。仓库内通过 PDA 进行库房出入库作业操作已经无法满足对作业效率的要求，各大厂商及电商巨头都在频繁尝试语音拣选、无线扫描指环、智能手机、谷歌智能眼镜等，后续这些都将成为仓库的标配，此为必然趋势。

（5）复核环节。通过配置电子标签系统及其他辅助设备，现有作业模式的效率已经没有太大提升空间。未来这个环节是否会被智能设备替代，有赖于高智能机器人的出现，当然路还很远。

（6）打包环节。打包操作目前还是依赖人工。对于中件原包出库商品，有的在尝试进行自动打包贴签，一单一件的小件自动打包实现难度不大，但一单多件小件打包的自动化还需智能设备来实现。

案例六

华电重工：差异化竞争战略提高上市收益*

摘要：华电重工公司是我国电力行业的巨头，然而，华电重工 IPO 项目的投产对企业利润的贡献微乎其微，反倒使原本已经存在的大额折旧进一步加重，并且将致使其未来经营业绩下滑，华电重工公司因此面临着史无前例的紧迫感和危机感。本案例展现了华电重工公司根据市场环境变化进行自我评估、实施新竞争战略以提高经营业绩的过程，引出对企业竞争战略选择的思考。

关键词：差异化；竞争性战略；经营业绩

---

*1. 本案例由陆琳、兰星等撰写，作者拥有著作权中的署名权、修改权、改编权。

2. 本案例授权中国管理案例共享中心使用，中国管理案例共享中心享有复制权、修改权、发表权、发行权、信息网络传播权、改编权、汇编权和翻译权。

3. 由于企业保密的要求，在本案例中对有关名称、数据等做了必要的掩饰性处理。

4. 本案例只供研究分析之用，并无意暗示或说明某种管理行为是否有效。

0　引言

华电重工在2014年准备冲刺A股市场，但由于受到之前浙江世宝IPO的影响，大幅度压缩了其发行规模，因此发行股本相对较少。在华电重工此次IPO项目中，以华电曹妃甸重工装备制造基地二期项目投资金额最多，占募资总额的33.3%。不过，从曹妃甸基地一期项目的“钱景”来看，二期项目是否盈利让人担忧。华电重工在招股书中透露，二期项目建成后，预计新增年销售收入10.25亿元，年均利润总额1.24亿元。但事实并非如此，一期项目在2011年12月1日正式投产后，对华电重工的贡献微乎其微，数亿元投资到曹妃甸基地，却仅换来154.31万元的年利润，其资产收益率仅为2%。为什么收益这么低？南京一位资深注册会计师给出了原因：“固定资产一旦开始投入使用，次月就会产生折旧。对重工行业来讲，如果前期投入固定资产过快，新增产出跟不上折旧的速度，企业业绩下降甚至亏损是很正常的。”该注册会计师直言：“固定资产折旧是一项长期的成本摊销。当企业收入大幅提升时，可以掩盖数以亿计的折旧费。但一旦销售遇挫，偏高的固定资产折旧就会体现出来。”

1　危险来临

据华电重工招股书，截至2013年年末，公司账面固定资产共7.77亿元，对应折旧3951万元，折旧额占固定资产的比例约为5%。而本次IPO项目中，公司固定资产投资金额预计将达到10.29亿元，项目全部完成后预计每年将新增固定资产折旧约6880.18万元，折旧额占固定资产的比例为6.68%，比原来高出1.68个百分点。这意味着IPO项目投产后，华电重工将面临更重的折旧负担。因此，公司在招股书中不得不承认：“如果此次募投项目的市场环境等因素发生变化，导致项目的新增收入不能弥补上述新增的固定资产折旧，

则本公司未来经营业绩可能出现下滑。”上述情况引起了华电重工高层领导的重视。高层领导提出，要全面且深层次地分析公司所处的内部环境和外部环境，以及公司的优势和劣势，确定适合本公司的竞争战略，提高企业的竞争力，保证公司上市后的经营业绩不会下滑，达到提高企业收益率的最终目的。

2 环境因素分析以及竞争战略的确定

公司召开管理层会议研究制定新的竞争战略。会议开始时，总经理助理小刘介绍会议主题：“公司二期项目即将投产，但财务部门给出的消息是，二期项目投产的新增收入不能弥补新增的固定资产折旧，如此公司未来的经营业绩可能出现下滑。公司召开此次紧急会议就是来讨论怎么扭转这一局面。下面先请市场部的王经理来介绍一下情况。”

市场部王经理站起来说：“各位，市场部是天天与市场打交道的一个部门，那么，我就来说两句。从电力行业本身来看，2013 年以来，全国重点电力建设项目进展顺利，随着水电项目的集中投产，电源新增生产能力与上年同期相比明显增加，电力供应能力持续增强。具体来看，2013 年 1—5 月，我国电源新增生产能力同比去年增加了 635 万千瓦，达到了 2466 万千瓦的总发电量。综合数据分析显示，由于国民经济发展的需要，主要经济体对电力的消费量总体上升，华电重工所在的电力行业属于上升阶段。”

总经理说道：“的确如此，整个电力行业处于还可以继续发展的阶段。但是，华电却出现业绩下滑的现象，这明显是我们公司自身的问题。对于一个公司来讲，导致业绩下滑的因素众多，但是我初步分析后认为最主要的原因还是华电采取了不适合市场环境的竞争战略。所以接下来，我希望各位能结合自己所在部门掌握的情况来分析一下华电所处的环境，然后决定华电未来的竞争战略。”

销售部门的徐经理说："我国单位 GDP 产出能耗高，但随着近些年来对环境的重视，政府对经济发展模式提出了新的要求，对绿色能源和环境保护提出了更高的要求，这也是对华电的巨大挑战，我们要设法开辟一片新的市场。"

财务部李经理手拿遥控器一边给大家展示 PPT，一边说道："我国的宏观经济是以一种波浪形式在增长，电力行业是我国的基础产业，它的发展随着宏观经济一起上下波动。从图中我们可以看出，电力产量与宏观经济的运行趋势基本相同（见图 1），因此，我得出结论，我们的经济依然具有很大的发展潜力。"

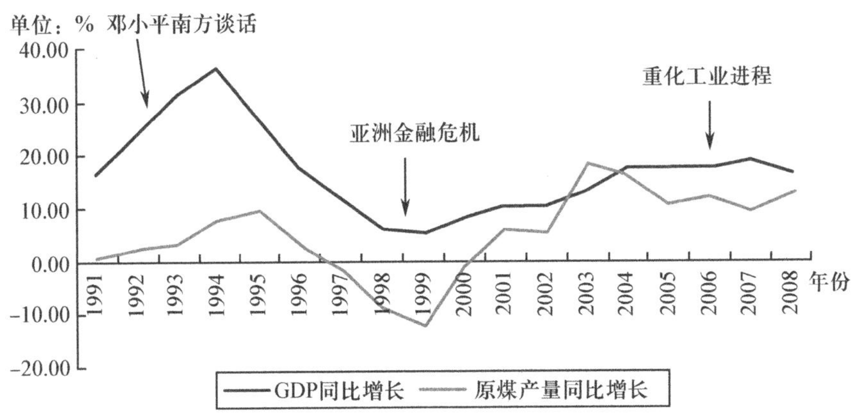

图 1　我国电力产量与宏观经济运行的关系图

"从社会文化环境来看，当前阶段，我国社会处于一个转型期。我国社会的转型意味着在经济、法律、文化等方面都将进行巨大的变革。新时期我国的文化与社会环境已经发生了巨大的变化，机遇与挑战并存，这就是我们现在所面临的状况。"市场部王经理认真说道。

技术部的陈经理频频点头并发言道："高科技和信息技术发展所带来的生产革命将直接提高企业本身的管理有效性，这会帮我们解决当前的很多麻烦。"

徐经理接着说道："我们销售部门是经常与其他公司竞争的，其中的竞争激烈程度我们最清楚，下面这个表格（见表 1）就是我从中分析出来的。"

表 1　华电重工公司外部竞争能力分析

竞争能力分析	具体内容
用户议价能力分析	低端产品厂商众多，需要这类产品的客户的议价能力强；高端产品供应商较集中，形成了技术垄断，需要这类产品的客户的议价能力弱
供应商议价能力分析	在华电重工行业中，整体上面对供应商的议价能力不强
潜在新进入者分析	新的竞争者难以在华电重工行业中生存，主要是因为该行业形成了技术壁垒、资本壁垒、人才壁垒以及客户壁垒
潜在替代品分析	从行业整体来看，重工产品是不存在被替换的可能性的

总经理看着 PPT 说道："各位对外界宏观环境的分析很透彻、很到位，所做的 PPT 也很清楚，让人一下就能理清思路。那么，下面谁来帮我们分析一下华电内部是怎样的一个状况呢？"

行政办公室赵主任应声起身说："关于华电内部，我了解得比较多，下面我给大家展示一下我对公司的一些分析（见表 2）。"

表 2　华电重工公司内部优劣势分析

分析项目	具体内容
优势分析	在技术、人才、制造能力、股东资源方面具有优势
劣势分析	1. 营销渠道有待改善，销售手段单一，营销激励措施不够灵活 2. 公司运营成本高，决策效率低，管理薄弱
机会分析	我国为了保证经济发展的需要，逐年提高发电量
威胁分析	1. 中国能源需求同期波动的威胁 2. 原材料价格波动的威胁 3. 行业竞争加剧的风险

总经理一边翻阅文件一边说："老赵对华电内部的这些因素分析得比较好，不愧是华电的老人了。刚才各位对华电所处的市场环境

讨论得比较到位，我们现在需要根据华电目前的状况来确定一个战略目标，然后根据此目标和当前实际情况确定适合华电发展的竞争战略。从管理能力现状以及市场方面、营销方面的状况来看，董事会提出公司的战略目标是做大做强华电的品牌，使企业在市场上占有一定的份额，大幅度提高公司的利润，在电力行业形成较强的竞争力。现在我们需要做的是根据这个目标以及我们刚才分析的实际情况找出适合自己的竞争战略。”他喝了一口茶继续说道：“下面我们请赵主任来给我们展示一下分析结果。”

赵主任说：“结合我在 MBA 课程中所学的知识，对照刚才所做的环境分析，我认为华电重工公司可以有三种不同的备选战略，即低成本战略、差异化战略和聚焦战略，分别用 A、B、C 来表示。通过 QSPM 方法可以甄选出最适合公司发展的战略，大家请看这张表（见表 3）。”

表 3　华电重工公司的 QSPM 矩阵分析

序号	影响因素	权重系数	A		B		C	
			AS	TAS	AS	TAS	AS	TAS
机会	重工能源等行业的快速发展	0.06	3	0.22	4	0.23	2	0.15
	经济发展的增速	0.11	2	0.25	3	0.46	1	0.13
	国家的政策	0.09	3	0.23	3	0.23	2	0.15
	市场的需求	0.14	2	0.3	3	0.45	1	0.15
	重工等产品的安全要求	0.06	1	0.06	4	0.24	3	0.18
	垄断市场格局未形成	0.1	4	0.4	3	0.3	1	0.1
	消费者的消费意愿	0.06	2	0.13	4	0.23	1	0.06
威胁	成本压力	0.14	4	0.51	3	0.34	3	0.35
	激烈的竞争环境	0.13	3	0.32	4	0.42	4	0.43
	通货膨胀率	0.06	4	0.25	2	0.13	1	0.05
	外资企业的影响	0.03	4	0.13	3	0.10	3	0.14

续表

序号	影响因素	权重系数	A		B		C	
			AS	TAS	AS	TAS	AS	TAS
优势	渠道优势	0.12	4	0.44	4	0.44	2	0.22
	产业链优势	0.05	2	0.08	3	0.12	1	0.04
	财务状况良好	0.1	2	0.2	4	0.4	2	0.2
	管理人员的经验	0.06	3	0.22	3	0.27	3	0.22
	品牌优势	0.07	3	0.23	5	0.31	3	0.23
	本地优势	0.05	4	0.21	2	0.12	2	0.11
	信息技术优势	0.06	3	0.22	3	0.13	2	0.12
	产品种类齐全	0.1	2	0.21	4	0.41	1	0.11
劣势	战略计划制订得不合理	0.08	3	0.26	3	0.25	3	0.23
	没有完善的培训	0.06	3	0.22	2	0.22	2	0.15
	团队凝聚力不足	0.07	4	0.16	3	0.13	3	0.13
	产品的特色不够	0.08	2	0.05	4	0.26	2	0.22
	创新能力不足	0.04	3	0.13	5	0.22	3	0.15
	专业化的知识结构不足	0.06	4	0.14	2	0.13	4	0.16
合计				5.65		6.35		4.38

赵主任继续说道：“根据 QSPM 分析方法可以得出不同战略的得分，按照总分数高低进行排序，依次为差异化战略、低成本战略、聚焦战略，因此公司的竞争战略应该为差异化战略。”

销售部经理对赵经理说道：“老赵啊，MBA 的学费没白花，你的观点我很认同。为了我们公司的发展，我们销售部门愿意积极配合你们。”

总经理说道：“既然我们的竞争战略已经分析出来了，那我们下一步就要制定具体的方案，明确各个部门应该采取的行动。今天时间也不早了，大家散会吧，具体的方案等我制定出来并经过审核评定之后会下发至各个部门，希望各个部门积极配合。感谢大家今天的踊跃发言与参与！”

3　差异化竞争战略的具体实施

3.1　差异化竞争战略的具体实施方案

几天后，公司高层制定出合理的具体实施方案：通过产品的差异化、产品品质的差异化、产品品种的差异化以及服务的差异化来实施差异化竞争战略，以及进行市场和业务方面的拓展。各部门的任务具体如下。

设计部主要执行产品差异化战略，主要应对国内同行业竞争者的竞争，面向国内客户提供技术领先的产品，促使产品升级换代，实现产品的差异化。

技术部主要执行产品品质差异化战略，其任务是大力开发技术壁垒高、市场竞争力强的高品质产品，从而替代进口产品，并打开全球市场，实现产品品质的差异化。

策划部主要执行产品品种差异化战略，通过提供大型化、微型化或者成套化的产品，避开国内产品布局的密集恶性竞争区域，实现产品品种的差异化。

市场部主要执行服务差异化战略，通过对客户进行准确细分，分析客户遇到的问题和具体需求，为客户提供个性化定制服务和模块化高质量服务，提高服务的竞争力。

在市场拓展战略方面，可以根据产品本身的特征确定它在市场上的位置。构成产品内在特色的许多因素都可以作为市场定位所依据的原则，如产品功能、成分、材料、质量、档次、价格等。也可以根据产品的利益定位。产品本身的属性及由此衍生的利益、解决问题的方法以及重点需要满足的程度也能使顾客感受到它的定位。还可以根据使用者的类型定位。企业把产品指引给适当的潜在使用者，根据使用者的心理和行为特征等塑造出适当的形象。

在业务拓展战略方面，作为重工企业，华电重工公司需要进一步发展现有优势业务，并开拓高端装备制造业务。公司计划通过并购等手段，进军涉及石油钻井平台、海上起重设备生产的海洋重工装备制造业。

3.2　差异化竞争战略的具体实施环节

3.2.1　技术方面的措施

技术部经理提出的发展建议如下：技术服务方面，加大科技投入和人才队伍建设，掌握一批符合企业发展要求的核心技术，提高技术服务能力。满足集团公司电力、煤炭和工程技术三大板块业务发展的需要，在电力、煤炭和煤化工的基本建设和生产运营领域开展技术监督和技术服务。

核心科技是企业发展的关键，核心科技和系统的集成能力结合起来转化为产品的竞争力，实现优势资源的整合，为企业发展提供技术支持。技术部力争在分布式能源、页岩气开发利用、太阳能热发电以及多能源互补利用、褐煤提质和煤气化等领域取得一批具有自主知识产权的核心技术，为工程技术产业的可持续发展提供持续的技术支撑。

3.2.2　市场与服务营销方面的措施

市场竞争，就最根本的方面而言，就是抢夺消费群体的竞争。今天，大多数的重工企业都有完善的营销网络、先进的设施、具有竞争力的产品以及与同行业差距不大的价格，所以，能否提供高效、便捷的服务就成为客户是否光临企业、购买企业产品和相关配套服务的重要选择标准。以下是市场营销部门采取的方案。

市场营销部门通过分析其目标客户的服务需求和偏好情况，建立了不同的市场开发策略。除了采用行业惯用的传统电力行业内营销外，公司市场开发团队还策划了更多的营销方案和策略，如针对不同行业的特色鲜明的公关活动等。华电重工公司响应国家“一带一路”倡议，积极开发东南亚市场，东南亚电力建设呈快速增长趋势。公司“十二五”期间规划开工发电项目的发电量为6800万千瓦（其中，煤电3070万千瓦，水电2200万千瓦，风电等新能源1000万千瓦，燃机和热电冷三联供330万千瓦，核电200万千瓦），投产4300万千瓦，关停老小火电机组320万千瓦；集团“十二五”期间计划开工煤矿项目的生产能力为4040万吨/年，投产6000万吨/年，港口项目吞吐量为6000万吨/年，煤化工生产能力为140万吨/年，煤制天然气生产能力为40亿立方米/年。这都将为工程技术产业提供较大的内部市场。

3.2.3 供应商管理方面的措施

在当今这样一个非常复杂和竞争激烈的商业生态环境中，高效地进行供应商管理对企业而言至关重要，企业必须有足够的供应商支持与配合才可以在竞争中取得优势地位。

第一，企业应从供应商的生产能力、工程品质标准、设备交货能力、售后服务水平、材料的价格等方面合理选择与自身相适应的供应商，获取其支持和配合，并长期合作下去。

第二，在建立起充分的信任后，企业与供应商之间应该经常进行沟通，双方都应该对称地了解到成本、质量控制、市场方面的相关信息，通过对应的信息提升产品质量。

3.2.4 新业务开拓方面的措施

只有进行新业务的开拓与发展，才能使企业在市场上占有一定的份额，大幅度提高公司的利润。

在新业务方面，华电重工公司着力开发航改型燃气轮机、连续卸船机、LNG储罐系统、储能设备等附加值较高、产值较大、可带动相关业务拓展且企业具有较好开发基础的新产品。通过技术和服务创新

实现企业产品向着系统化、集成化的方向发展，由单纯的专业工程承包向注重核心技术和关键产品研发转变，实现两个层面兼顾并重，形成一批拳头产品、名牌产品及一批特色鲜明、颇具竞争优势的专业工程承包业务，实现规模快速增长和利润最大化。如散装物料输送系统及长距离胶带机、圆形料仓、连续卸船机、排土机等装备，分布式能源系统及航改型燃气轮机，页岩气开发利用工程技术及系列关键装备，煤炭及煤化工系列工程技术和装备，太阳能发电和利用及多能源互补利用等多个专业方向的工程技术和关键产品。按照“技术保障和服务中心、技术经济研究中心、情报中心和相关产业的研发中心”四项业务定位，加快科研总院的建设，整合资源，形成以科研总院为主导、二级单位研究机构为基础、系统内外科技资源相结合的科技支撑体系，促进公司成为“国家创新型企业”。把华电电力科学研究院（杭州）、郑州华电机械设计研究院建成分别以电站、煤炭“生产运营”和“工程建设”技术服务为主的专业化的科技型企业，完善和提升技术保障和服务能力，使公司在生产建设安全、经济运行、节能减排等指标上达到同行业领先水平。建立专业的技术经济研究和情报工作队伍，针对公司电力、煤炭的生产建设和工程技术板块发展所需开展技术经济研究，及时全面地收集、整理和研究国内外能源行业的经济和科技情报，为华电重工领导决策提供翔实、科学的参考依据，为企业内各单位提供必要的服务。

以研究总院为主导，建立若干国家级实验室或试验基地，通过合作研发、委托研发、并购等方式获取优势研发资源，确保分布式能源、页岩气开发利用、太阳能热发电及多能源互补利用等领域的科技研发水平和产业化进程走在同行业前列。推动研发、设计、工程及生产的有机结合，提高知识产权成果的资本化运作水平，推动商业模式创新。借鉴创业投资基金的运作理念和方法，鼓励科研总院以知识产权或资金积极投资入股参与新兴产业的开发，最大限度地提高其从事科技研发的主动性和责任感，形成科技研发资金投入与产业化产出的良性循环。

3.2.5　人才发展方面的措施

公司提出人才是第一资源的观念。因此，公司结合“千人计划”引进海外高层次人才，面向社会招聘拔尖人才和领军人才，加大人才培养力度，完善收入分配机制，试行期权等新型分配与激励制度。公司力争汇聚一批具有国内领先水平的学科带头人，造就一支精通工程技术、经营管理、资本运营的人才队伍，为工程技术板块发展提供全方位的人才支撑。

企业对经营管理人才的要求是苛刻的。因为企业必须应对来自环境变化的各种压力，所以，高效、应变能力强、明智、果敢的企业经营管理人才将会驰骋业界。企业必须在条件许可的前提下建立一支国际化、创新型的职业经理人管理团队，以应对未知的市场变化及未来的机遇与挑战。

经营管理人才独到的眼光、敏锐的思维对企业内部管理大有裨益，所以应由他们来督导企业创新，并将成果转换成企业的生产力，以帮助企业获得高收益、高成长。企业本身也应该深化人事制度改革，建立一套合理的人事制度，对经营管理人才的聘任、培养、考核都应该按照人事制度来进行。企业需要定期考核企业的管理者，对管理出现问题的人员必须追究责任。企业还需定期组织各种培训活动，目的是全面提高管理人员的素质。一支职业化的高级管理人员队伍应熟悉市场经济和商业贸易规则，并且有志向，懂经营，会管理，善决策，能开拓创新。企业应深入贯彻落实科学发展观，坚持“服务发展，人才优先，以用为本，创新机制”的方针，以建设管理人才队伍、专业技术人才队伍为重点，为企业可持续发展提供人才保证。

3.2.6　保障性措施

首先要分解目标，落实规划。华电重工工程技术板块的发展关系到公司整体战略的实施和目标的实现，相关的责任人要高度重视，把本规划的内容融入本单位的发展规划，分年度、分专业细化，实

行目标责任制。公司有关部门应对规划实施情况进行跟踪、评估和考核，将规划执行情况作为公司对有关二级单位考核的重要内容。

其次要完善体制机制，增强发展活力。应在公司战略管理体系下，完善公司制管控模式，以同行业市场先进水平为标杆，建立符合板块发展特点的市场化用工机制、绩效考核和薪酬激励机制，突出业绩导向，激发创新活力，增加企业发展动力。

健全风险管控组织机构，以“三重一大”制度建设为核心，完善风险管控机制，强化内部控制，全面提高风险识别、评价、应对和处理能力，重点加强重大项目资金流管理，严格控制和防范项目投资风险，确保企业经营安全。

对于电力、煤炭工程建设和生产运行中的技术服务业务，如检测、性能试验、质量监督等，若工程技术板块内的单位具备资格和能力，则应适度优先考虑由其提供服务；发挥企业内工程总承包队伍的专业优势，创新企业内业务运作模式，促进工程建设进度、质量、安全和造价等指标向国内先进水平看齐；积极为工程技术板块新技术、新产品的开发提供依托工程和试运条件。

建立科研专项资金预算管理制度，华电工程的科技资金投入不低于销售收入的3%，国电南自不低于4%，并争取逐年提高比例。充分利用国家有关扶持政策，多渠道筹集科技资金，加强资金使用管理，重点支持影响板块业务发展的关键技术和拳头产品的研发，重点满足优秀成果产业化转换的资金需求，重点用于高水平技术团队和实验室建设。提高知识产权转让、许可和参与产业运作的能力，提高知识产权创利能力，实现科技投入与产出的良性循环。

4 扭转乾坤

在公司经历了一年时间的改革后，2014 年 12 月 11 日，华电重工股份有限公司成功在上海证券交易所挂牌上市，成为集团公司第七家上市公司。随后在 2015 年 3 月，华电重工公司在网上公布了 2014 年度主要财务数据，如表 4 所示。

表 4　2014 年度华电重工公司主要财务数据

项目	本报告期	上年同期	增减变动幅度（%）
营业总收入（元）	6216167728.57	4744566538.65	31.02
营业利润（元）	425548700.20	416875320.56	2.08
利润总额（元）	432882716.67	425438777.95	1.75
归属于上市公司股东的净利润（元）	358954028.04	357101318.69	0.52
基本每股收益（元）	0.579	0.576	0.51
加权平均净资产收益率（%）	18.81	23.07	减少 4.26 个百分点
总资产（元）	8725881895.63	5421459118.90	60.95
归属于上市公司股东的所有者权益（元）	3536565755.77	1728589722.68	104.59
股本	770000000	620000000	24.19
归属于上市公司股东的每股净资产（元）	4.59	2.79	64.74

可以看出，在登陆 A 股市场后，并没有出现预测所说的经营业绩下滑，相反，营业总收入比上年增加了 31.02%，总资产增加了 60.95%。由于会计制度不变，其折旧额也不会有太大的变化，但是由于华电重工公司实行了差异化竞争战略，在产品的差异化、产品品种的差异化、产品品质的差异化及服务的差异化上下功夫，在管理上更加先进，在人才发展方面也有相应的方案，在技术上更加苛刻，使得 2014 年签订的合同较上年增多，收入增多，弥补了一部分的折旧额，带来经营业绩的上升。

5 展望

随着时间的推移，华电重工的竞争对手会效仿华电重工公司的差异化举措来提高自己的竞争力。因此，华电重工公司为防止被超越，也在不断发现自己的问题，不断分析外部宏观环境及自身内部环境，重视人才的培养以及高新技术的开发，重视对客户市场的划分，因地制宜地采取措施，提升自己公司的品牌效应。在市场这个大熔炉里，环境因素变化多端，公司的未来任重而道远……

一、研究目的

华电重工公司计划冲刺A股市场，但市场环境因素多变且复杂，可能使投资项目的新增收入不能弥补新增的固定资产折旧，从而导致公司未来的经营业绩出现下滑的现象。企业高层管理人员重视公司业绩，提出要准确定位公司，改变企业战略，提高经营业绩，实现企业最终目标。本案例通过描述这一事件的前因后果，帮助研究者了解市场环境多变条件下的企业是怎样革新的，并引导研究者运用PEST法来分析企业外部宏观环境，以及使用SWOT法来分析企业内部环境，从而给公司找到一个准确的定位，确定一个适合企业发展的竞争战略。

二、启发思考题

（1）当华电重工公司了解到需要改变企业战略时，它是从哪些方面来分析其环境因素的？分别运用了什么方法？公司的竞争战略可以分为哪几类？在这几类战略中，为什么华电重工公司要选择案例中的差异化竞争战略？

（2）当采取差异化竞争战略时，你认为应该从哪些方面来体现差异化？怎样体现？为保证这个战略的成功实施，你认为还需要做些什么？采取什么样的措施？

三、分析思路

这里提出本案例的分析思路，仅供参考。

（1）由于企业预测到未来经营业绩会下滑，因此公司高层对公司所处的内外环境运用不同的方法进行了分析，从而为竞争战略的选择提供了理论依据。

（2）先对企业战略现状进行分析，确定未来的战略目标，再通过对环境的分析，清楚公司的定位，从而选择合适的竞争战略来提高公司的竞争力。

（3）战略计划的具体实施需要考虑多个方面，本案例主要是从市场与服务营销、供应商管理、人才发展、新业务开拓等方面来阐述，以保证战略计划的成功实施。

四、理论依据

（1）企业战略是一个战略体系，在这个战略体系中，有竞争战略、发展战略、技术开发战略、市场营销战略、信息化战略、人才战略及其他战略。企业竞争战略要解决的核心问题是：如何通过确定顾客需求、竞争者产品及本企业产品这三者之间的关系，来奠定本企业产品在市场上的特定地位并维持这一地位。确定何种战略需要用到以下几种分析工具：PEST 分析法、五力模型、外部 / 内部因素评价矩阵、SWOT 分析法、定量战略计划矩阵、战略选择矩阵。

① PEST 分析法。PEST 分析法是一种非常先进的分析企业环境的方法。PEST 分析包括对企业战略伙伴的分析和对企业内部资源环境的分析，企业可以通过这两方面的分析来做出战略决策。

②五力模型。五力模型是一种对企业进行战略分析的工具。通过运用这种工具，企业可以对自身有一个比较清楚的了解，从而据此来制定长远的战略，使企业顺利地发展下去。

③外部 / 内部因素评价矩阵。外部因素评价是对企业外部的社会环境进行分析，从而对企业所处的位置做出判断。内部因素评价

则是对企业内部进行分析判断，其中包括对内部资源和员工的调研分析，从而可以对自身进行适当的定位，为未来发展做辅助。

④ SWOT 分析法。采用 SWOT 分析法可以从不同的角度对企业环境进行分析，从而有助于制定企业战略。

⑤定量战略计划矩阵。在运用该工具的时候，需要进行客观的分析。通过对其他企业和企业内部的信息进行分析，可以得出一些对公司发展比较有利的结论，然后以此为参考制定公司战略。

⑥战略选择矩阵。通过战略选择矩阵，可以对企业自身的环境进行详细的分析，从而对企业自身形成比较清醒的认识，然后在此基础上对战略进行调整。这个方法是相对比较完善的，而且考虑的方面比较广。

（2）迈克尔·波特教授根据多年的研究提出了竞争战略理论，为企业制定正确的战略提供了合理的方法。他认为公司的竞争战略主要可以分为三种：低成本战略、差异化战略和聚焦战略。

（3）战略的定位分为不同的层次，如公司级定位确定企业长期的经营目标，事业部级定位确定各项经营事业的目标，职能部门级定位确定各职能领域中的近期目标和策略，包括生产策略、营销策略、研究与开发策略、财务策略、人力资源策略等。

（4）定量战略计划矩阵（QSPM）的制定主要包括六个步骤。

步骤 1：在矩阵的左栏列出影响公司战略发展的外部机遇、外部威胁、内部的优缺点。

步骤 2：根据公司发展的方针政策给予外部和内部影响因素合适的权重系数。

步骤 3：通过调查研究，分析公司发展的不同战略，并且把这些发展战略放在矩阵的顶行。

步骤 4：通过吸引力分数的数值表示法，表明不同战略之间的相互新引力。

步骤 5：根据之前评定的吸引力分数和相应的权重系数给出吸引力分数的总值，分数越高则表示战略的吸引力越大。

步骤 6：基于以上步骤，得出最具有吸引力的战略。

根据定量战略计划矩阵（QSPM）可以得出不同战略的得分。在本案例中，按照总分数高低进行排序，依次为差异化战略、低成本战略、聚焦战略，因此华电重工公司的竞争战略为差异化战略。

（5）企业战略定位的实质就是企业根据自己的发展战略明确市场定位，通过创造出具有自己特色的产品和服务，实现与竞争对手的区别，从而在消费者心目中占据一定的地位，树立企业良好的形象，实现企业的发展。企业进行市场定位有以下几个维度。

①根据产品特色定位。即根据产品本身的特征确定它在市场上的位置。构成产品内在特色的许多因素都可以作为市场定位所依据的原则，如产品功能、成分、材料、质量、档次、价格等。

②根据产品利益定位。产品本身的属性及由此衍生的利益、解决问题的方法以及重点需要满足的程度也能使顾客感受到它的定位。

③根据使用者类型定位。企业把产品指引给适当的潜在使用者，根据使用者的心理和行为特征等塑造出适当的形象。

（6）差异化竞争战略主要体现在产品的差异化、产品品种的差异化、产品品质的差异化等方面。

五、背景信息

随着全球经济的不断发展，我国对电力的需求不断上升。2013年以来，全国重点电力建设项目进展顺利，随着水电项目的集中投产，电源新增生产能力与上年同期相比明显增加，电力供应能力持续增强。具体来看，2013 年 1—5 月，我国电源新增生产能力同比上年增加了 635 万千瓦，达到了 2466 万千瓦的总发电量。其中，水电新增生产能力 684 万千瓦，比上年同期多投产 390 万千瓦。电力需求旺盛引起了国外电力相关行业的重点关注，国外电力企业也积极地涌入中国市场。在这种情况下，我国电力相关行业的企业面临着史无前例的危机感与紧迫感。华电重工公司作为我国电力行业的巨头，深刻认识到当前状况，积极发展公司业务，冲刺 A 股市场。但公司内部专家预测，冲刺 A 股市场会给企业带来更大的压力，致使未来的经营业绩下滑。此时，公司面临着严峻的考验。企业领导人当机立断，决定对企业进行一次彻底的分析，研究一套适合自己的竞争战略，以应对当前国外市场带来的竞争，避免经营业绩下滑。

六、关键要点

（1）案例中分析企业内外环境是企业确定竞争战略的前提，因此如何运用 PEST 法来准确分析企业外部宏观环境，以及运用 SWOT 法来分析企业内部自身环境就变得十分重要。

（2）本案例在战略设计时运用了内外部因素评价矩阵，因此，需要掌握内外部因素评价矩阵并准确运用，这是保证战略设计成功的关键。

（3）本案例在确定采用何种竞争战略时运用了 QSPM 矩阵，因此，掌握 QSPM 矩阵是得出准确信息的关键。

案例七

乱了粉库：桂林米粉高端运营模式的开拓者*

摘要：桂林米粉店的低端化使得桂林米粉行业的发展受到制约。本案例描述了桂林市乱了粉库在米粉店高端运营模式方面的探索。首先介绍了桂林米粉行业发展状况及乱了粉库的背景，然后从产品特色、服务特色、选址特色、宣传特色四个方面来介绍乱了粉库的高端运营模式，并指出乱了粉库所面临的挑战。

关键词：桂林米粉；乱了粉库；高端运营模式

---

*1. 本案例由张晞撰写，作者拥有著作权中的署名权、修改权、改编权。
2. 本案例授权中国管理案例共享中心使用，中国管理案例共享中心享有复制权、修改权、发表权、发行权、信息网络传播权、改编权、汇编权和翻译权。
3. 由于企业保密的要求，在本案例中对有关名称、数据等做了必要的掩饰性处理。
4. 本案例只供研究分析之用，并无意暗示或说明某种管理行为是否有效。

0　引言

作为桂林市的传统特色美食，桂林米粉广受桂林市民及中外游客的喜爱。但是很多桂林米粉店的档次并不高。由于行业门槛低、产品同质化程度高、市场竞争激烈，加上消费者的习惯心理，桂林米粉的价格长期停留在每碗3.5~4.5元的水平，远低于柳州螺蛳粉、云南过桥米线、兰州拉面等同类小吃的价格。为节省成本，很多米粉店的经营者在产品品种、店面环境、硬件设施、服务水平等方面缩减投入，导致桂林米粉店在很多顾客心目中留下了小、脏、乱的负面印象。如何让桂林米粉店走出“低价格—低投入—低档次”的恶性循环，进一步推动桂林米粉行业的良性发展呢？乱了粉库率先开展了对桂林米粉店高端运营模式的探索。

1　背景

1.1　行业背景

桂林米粉的发展历史悠久、影响深远，向上可追溯到两千多年前的秦朝。桂林米粉以“好吃、方便、实惠”的特点而成为桂林“早餐”的代名词，并于2011年注册了地理标志证明商标，成为桂林传统饮食文化当中最典型的代表及符号，也是国内外人士认识桂林、了解桂林的一张名片。桂林市区每天约有40万人次吃米粉，约占市区人口总数的50%；全市米粉店有2000多家，散布在市区、县城的大街小巷及乡镇主要街道。同时，桂林米粉已经向连锁化方向发展，逐步涌现出崇善、日头火、红鼻子、同来馆、阿牛嫂、俏媳妇、明桂等米粉连锁店品牌。

桂林米粉行业在一片繁荣的景象之下，也存在着很多深层次的问题。

1.1.1 运营成本上升和产品价格偏低使米粉店陷入低利润怪圈

米粉及配料等原材料价格上涨和劳动力成本上升导致桂林米粉店运营成本不断提高。但在社会食品物价水平不断攀升之际，桂林米粉的价格却多年保持在 3.5~4.5 元，还可免费添加酸豆角、酸笋、海带、葱花、辣椒等配料，有的店面还提供免费豆浆，使得一碗米粉的利润很低，米粉店要赚钱只能靠走量。此外，很多桂林市民已经习惯米粉的低价消费模式，价格敏感度高，只要米粉价格低、味道好，就愿意光顾，还笑称“哪个店越老越破旧，哪个店的米粉就越好吃”。因此，桂林街道上经常可以见到一些看起来邋遢的小店门口人头攒动，不少人端着碗蹲在路边津津有味地吃着。即使一些投资较大且服务较规范的连锁米粉店想涨价，但担心消费者会因此而流失，也只得遵照市场定价。产品低价格和高运营成本使得众多米粉店的利润空间很小。

1.1.2 米粉店经营者扩大投资的意愿不高

开家米粉店的固定投资少，行业进入门槛低，很多小老板投入几千元或上万元就可以开一家米粉小摊或小店。但薄利在一定程度上导致很多桂林米粉店无力也无意愿进行装修与服务上的投资，经营者不考虑做大做强，只求赚点钱维持生活。所以大多数米粉店规模小，装修简陋，整体卫生条件不大好，服务水平较低。

1.1.3 缺乏创新意识

桂林米粉有上千年的历史，生产流程和工艺已经很成熟了，又有庞大的消费群体，米粉店经营者只要照着老套路做就不愁没有生意。此外，消费者的价格敏感度高，创新产品在价格上没有优势，会给米粉店带来一定的市场风险。因此，桂林米粉店的经营者很少考虑技术创新和产品创新的问题。这样的结果是各家桂林米粉店同质化程度高，靠低价来维持经营。

1.1.4　缺乏品牌意识

桂林米粉行业整体缺乏品牌意识。大多数米粉店只顾追求眼前的利润，而不顾品牌形象的塑造。桂林市2000多家米粉店中，在本地市场上能够打响的品牌屈指可数，而能够在广西甚至全国市场上有一定知名度的米粉企业更是凤毛麟角。一些在几十年前风靡一时，让老桂林人记忆犹新的老品牌如"又益轩"米粉店，也没有得到有效的保护和发展。目前虽然还在经营，但只有寥寥数家店，市场影响力也比较小。

以上这些问题制约了桂林米粉行业的进一步发展。因为随着社会发展，人们的消费观念发生很大变化，不再只注重价格和口味，而越来越讲究饮食条件和卫生，注重饮食环境氛围，希望体验更深层次的饮食文化。而这些内容却恰恰是当前的桂林米粉店所欠缺的。

为了更好地推动桂林市米粉行业转型升级，提升桂林米粉店的整体形象、质量水平和市场竞争力，桂林市政府于2014年启动了桂林米粉店等级评定活动。桂林市商务局牵头组织相关单位和专家，通过走访桂林米粉企业，学习全国先进快餐企业经验，编制了《桂林米粉地方规范》《桂林米粉店建设与服务规范》《桂林米粉店等级评定规范》等桂林市地方规范。2014年11月，桂林地方美食评选指导委员会、市商务局与各县区商务主管部门及相关部门，组织市餐饮烹饪协会、市米粉行业协会、相关院校的专家组成2个专家组，分别赴桂林市17个县区对报名参评的95家米粉店进行等级评定。在评定工作中，专家组根据《桂林米粉店建设与服务规范》和《桂林米粉店等级评定规范》的要求，实地对各报名参评米粉店的设施设备、服务质量、管理水平、维护保养及清洁卫生五个方面进行评分，并就有关问题考核米粉店员工。同时，专家组对米粉店外围环境、门店外观、餐厅、厨房、仓库、废弃物品处理设施等进行检查。完成现场检查环节后，专家组成员还现场品评米粉店里的特色米粉，就色、香、味、形、材、皿等要素进行现场评分。最终，评选出桂

林米粉达标店 62 个、三星级店 10 个、四星级店 4 个、五星级店 4 个。在此次评比中，开拓高端运营模式的乱了粉库在各方面均获得高分，荣获桂林市政府颁发的“五星级米粉店”称号。

1.2 企业背景

乱了粉库是一家跨界经营的企业，其前身是创立于 2000 年的桂林原创女装品牌乱了服饰。“乱了”一词化用自唐代诗人白居易的诗句“乱花渐欲迷人眼”，表达了对大自然气象万千的感叹。乱了服饰凭着出人意料的设计构思、精准合体的版型、民族特色的设计风格，在“乱花渐欲迷人眼”的服装世界独树一帜。乱了服饰在广州、杭州、成都、重庆、武汉、长沙、南昌、南宁等全国各大中城市开设了 200 多家直营店、加盟店和商场专柜，并且吸引了来自法国、新加坡、越南等地的服装批发商，成为桂系原创女装品牌的领跑者。但是由于近年来国内服装行业处于萧条期、服装市场存在无序竞争以及网购业迅猛发展对实体服装店造成强力冲击等因素，乱了服饰既有运营体系的市场空间日益遭受挤压。为此，乱了服饰决定逐渐向线上品牌转型。如此一来，企业现有的生产体系和营销体系均要做大幅度的精简调整。然而，企业自身及各地经销商所拥有的数千名老员工，以及各地实体店面等“重资产”成为企业难以舍弃的包袱。为了给技能单一的老员工寻求新出路，以及充分利用现有的资源，乱了服饰开始尝试多元化的发展道路，由制造业向服务业转型。经过多方考察后，企业决定傍上拥有较高知名度的桂林米粉，同时将“乱了”品牌引入米粉行业，探索桂林米粉店的高端服务模式。乱了粉库的发展目标是建设成为一家全国连锁加盟的股份制企业。头三年时间用来打好基础，完善乱了粉库高端运营模式的具体操作细节，以及培养出一个具有较强执行力的运营团队。

乱了粉库于 2014 年春节开业，第一家店坐落于桂林市中心最为繁华的商业步行街，店面分上下两层，约有 60 个座位，服务员及厨房人员约有20人。乱了粉库在店面装修、产品品种、服务内容、软硬件设施等方面均与普通米粉店有明显差异。每碗米粉的定价在20元以上。一开始，乱了粉库的客源主要是从外地来桂林参加各类会议的商务人士及公务人员。由于定位明确、环境高档、服务新颖，乱了粉库在开业之初就生意火爆。但随着国家一系列限制三公消费及约束公务员的政策措施逐步落实，原有的客源不断减少。在这种情况下，乱了粉库开始把目标群体转向国内外旅游者及本地顾客，并不断拓展服务外延，积累市场口碑，开拓高端消费群体，在“摸着石头过河”的市场实践中探索高端运营模式。

2　乱了粉库高端运营模式的实践

乱了粉库的总经理文春女士认为，桂林米粉的市场是多元化的，既有注重物美价廉的一般消费者，也有比较追求消费品质、讲究生活品位的高端消费者。所以乱了粉库不与本地一般米粉店竞争，而是要努力满足高端消费者的需求。所谓高端消费者，即重视服务品质、讲究生活品位的那一部分消费群体，包括本地的时尚青年、外地高端旅游客户、外国客户等。

2.1　产品特色化

桂林米粉店提供的米粉产品同质化程度很高。各家的米粉原料都是由桂林市几家米粉厂提供的，牛肉、锅烧、酸豆角、酸笋、海带、葱花、辣椒等配料也都有供应商配送，各家熬制的卤水在口味上会有一些差异，但差异不大。由于千篇一律的米粉难以充分满足高端消费者对米粉产品特色化的需求，因此乱了粉库决定在产品特色化方面下功夫。

2.1.1 产品创新

乱了粉库在米粉品种上注重推陈出新，实现了品种丰富化。一般的桂林米粉店仅有汤菜粉、卤菜粉、牛腩粉、炒粉等少数几个品种，而乱了粉库则创新性地推出二十多种不同风味的米粉品种，让消费者有更充分的选择自由。对于外地游客，主要是推出代表桂林传统风味的卤菜粉；而对于本地顾客，则是打造本地食材与米粉的混搭风格，比如“漓江啤酒鱼 + 米粉”“醋血鸭 + 米粉”“酸炒漓江鱼 + 米粉”等，颇受本地时尚青年的喜爱。各类配菜分量十足，口味地道，调味料品种很多，还有免费的柠檬水供应，可解油腻。除了米粉产品，乱了粉库还提供米饭、西餐、点心、意面、咖啡等食品和饮料，以满足消费者多样化的饮食需求。

2.1.2 价格创新

乱了粉库在米粉价格上讲究优质优价，每碗价格大大高于一般米粉店的价格（见表 1）。对此，文春总经理认为：“大家对生活品质的要求越来越高，‘吃饱’已不能满足要求，更多人希望吃得健康，并在吃的过程中享受到良好的环境。我开这家粉库的目的正是在于让别人吃好。其实一杯咖啡的成本比米粉更低，但每一杯售价二三十元并不会让顾客觉得贵，这是因为咖啡店卖咖啡实际上卖的是环境，是一种情调。米粉是桂林人重要的饮食文化，经过适当的商业包装，也可以卖出咖啡的价格。”

“我们的米粉虽然售价高，但顾客了解后会觉得物有所值，如做锅烧的猪肉是无公害猪肉，卤水是用牛肉、甘草等多种配料熬制的，酸菜也是自己制作的，绝无任何添加剂，这样做出来的米粉在质量安全上是可以得到保证的，而成本高了定价当然也就高了。其实，米粉是低端小吃还是高端食品，关键在于包装。只要经过商业包装和推广，米粉也可以登上大雅之堂。我们要做的就是让更多的人了解米粉文化，去挖掘更深层次的东西，走高端定制的路线，为米粉行业发展开辟一条新路。”

表 1　乱了粉库的产品价格

单位：元

米粉品种	单价	米粉品种	单价
传统卤菜米粉	32	招牌至尊米粉	38
牛肉粉	38	素米粉	18
秘制红烧米粉	36	秘制叉烧米粉	32
酸炒漓江鱼米粉	58	醋血鸭米粉	68
漓江啤酒鱼米粉	68	砂锅三鲜素粉	22
砂锅三鲜煮粉	38	砂锅酸辣煮粉	38
砂锅牛肉煮粉	42	砂锅秘制豆瓣牛肉煮粉	46
砂锅牛腩煮粉	42	砂锅酸辣螺蛳粉	38
砂锅枸杞川汤鸡煮粉	68	砂锅白果老鸭煮粉	68
砂锅灵芝土鸡煮粉	128	干炒牛河	38
桂林特色炒粉	32	桂林特色酸辣炒粉	32
凉拌米粉	32	自助火锅米粉（3~5 人）	198

2.1.3　生态健康理念

乱了粉库主推生态理念，非常注重原材料的品质。比如乱了粉库的米粉调料选择的是有机调料，不含任何化学添加剂和人工色素。猪肉配料则选择经过 HACCP（美国和欧盟）食品安全体系认证的广西名牌产品“永新源”无公害猪肉。这些猪肉是由大规模养殖农场提供的，在品质上更有保证。从种猪、饲料、防疫、屠宰分割、冷链运输，最后到市场终端，每一环节都全程掌控。生猪被切割成前夹、后腿及五花肉后，工作人员会在每块肉上再贴上条形码。这种条形码就是猪肉的“身份证”。通过查询“身份证”，就能知道猪的喂养、屠宰、销售商等相关信息，从而实现源头追溯，保证消费者吃上安全放心的猪肉。另外，乱了粉库在调味品如陈醋、白醋、酱油等上选择的是中国知名调味品品牌“禾然有机”，并且以调味品为载体向社会传播有机健康、自然和谐的生活方式。

2.2 服务特色化

乱了粉库的服务特色是向高端消费者提供休闲式服务。高端消费者对就餐场所的环境布置、软硬件设施、服务品质、文化格调等方面有较高的要求。而休闲式服务有别于一般米粉店的快餐自助式服务，旨在为高端消费者提供一种舒适、轻松、慢节奏、来了就不想走的服务氛围。消费者不仅可以在乱了粉库品尝特色米粉、特色小吃、特色饮料，还可以聊天、听音乐、打牌、发呆，尽情地放松身心。

文春总经理说："我本人是做设计出身，因此从这个店装修开始，我就希望能提供一种良好的环境。同时，我们的客户群体主要是外地游客和本地时尚青年，比如一对恋人想吃米粉，如果去米粉店吃会觉得档次低了，来我们这里可以边喝红酒边吃米粉边聊天，吃完还可以点上一杯咖啡。优雅的环境能让他们更轻松愉快地交流感情。"

2.2.1 店面装修风格

一般的米粉店提供大众化服务，讲究快捷便利，店面装修上采用的是快餐店的风格，桌椅摆放比较密集，店内边角处经常堆放各种杂物。

乱了粉库提供舒适、轻快、慢节奏的服务，因而在装修上采用的是桂北建筑风格，即青砖墙面，以黑白灰为主色调，并将现代风格与历史的厚重感融为一体。据文春总经理透露，当初在装修店面时，曾请过几位设计师，但设计出来的风格总让人想起快餐店，因而装修方案搁置了三个月之久。直到邀请到碧桂园的一位楼盘设计师，才拿出了较为满意的设计方案。

乱了粉库分上下两层楼：一楼是靠街的门面，便于招徕顾客，但面积较小，仅放两张桌子；二楼比较宽敞明亮，有露天阳台和大面积玻璃窗，看上去非常通透，加上各种墙面装饰和吊顶，会有一种咖啡馆的氛围，比较安静，可以让消费者在轻松的环境中消磨时光。上下两层楼的座位不超过 60 个，活动空间比较大，与一般米粉店人流密集的状况迥然不同。有不少食客称赞乱了粉库是“在桂林见过的最小资的地方”。

2.2.2　餐厅家具和饰品特色

与一般米粉店相比，乱了粉库的餐厅家具更有民族特色。这里有原木桌子、藤椅、布艺沙发及柔软舒适的靠垫，墙上有很多画作和一些饰品，周围有不少绿色植物，用网友的话来说就是无形中营造了一种“禅意”，让人们在舒适安静中享受食物本来的味道。

2.2.3　餐具特色化

一般米粉店采用的都是由消毒中心统一配送的不锈钢消毒碗，虽然安全卫生，但令人感觉太大众化，缺乏特色。乱了粉库选择的是一整套黑色陶瓷餐具，米粉、配菜、汤、调味品都有各自的用具，看上去很精致，让人感觉吃米粉也是一种享受。使用陶瓷餐具虽然单价高，损耗大，但比较环保，也显得高端大气上档次。之所以选择黑色餐具，而不是常见的白色餐具，文春总经理的解释是餐具的黑色调能够与黑白灰的环境相适应，不会显得突兀；另外，米粉本身是白色的，如果选择白色餐具就会显得米粉不够白，而黑色餐具配白色米粉，更能给消费者一种视觉上的享受。

2.2.4　无线网络

乱了粉库提供 Wi-Fi 无线网络，消费者可以轻松自在地上网休闲娱乐。

2.2.5　人性化服务

乱了粉库将品牌服饰店较为成熟的服务体系引入米粉店，全方位地为顾客着想，尽可能地提供最大化的附加服务。文春总经理经常亲自在店里接待消费者，现场介绍乱了粉库的产品特色、各种米粉的吃法，并解答消费者的各类问题。在总经理的示范下，粉库十

余位服务人员的言行举止均符合礼仪规范，做到彬彬有礼、落落大方，杜绝各种不礼貌、不文明的行为。用文春总经理的话来说，就是“店内文明要高于社会文明”。遇到下雨天，店员们会先给消费者送上姜茶，消费者出门时还会主动询问要不要伞；逛街的游客进来问路，店员们也会很热心地帮忙，并客串导游的角色。

与一般米粉店自助式的服务相比，乱了粉库的服务更主动、更贴心。比如在大众点评网上有顾客留言：“乱了粉库的服务员会问我是不是北方人，怕我吃不惯一些味道。”“当时点的是切粉，结果上了细粉，跟服务员说算了，结果老板还是给上了两份，连里面的荤菜也上了。”“服务员看我们不是本地人，还特地嘱咐那碗汤是最后用来喝的，不用倒米粉里。”

2.2.6 娱乐氛围

为营造娱乐休闲氛围，夏季的晚上乱了粉库还有驻场歌手现场献唱，有不少顾客是先被歌声吸引，才进到店中消费。

2.3 选址特色化

乱了粉库的第一家店开在桂林市正阳商业步行街的黄金地段。正阳步行街是一条老街，曾是桂林的政治和商业中心，有着丰富的历史积淀和故事。步行街紧靠市中心，毗邻漓江、王城、象山公园、独秀峰等重要景点，是一条集休闲、购物、娱乐于一体的街道。周边五星级、四星级酒店密集，包括漓江大瀑布酒店、喜来登大酒店、帝苑酒店、桂山华星酒店等。本地时尚青年、国内外旅游者都喜欢来这里逛街，街上每日人流如织、熙熙攘攘、络绎不绝。与高客流量相伴而来的，就是居高不下的店面租金。由于成本较高，因而能在这条街上开米粉店的只有寥寥数家老牌连锁米粉店。虽然乱了粉库是米粉行业的新军，但却毅然决定在此黄金地段开店，这不仅是为了与已有的乱了服装店比邻，更主要的原因是在此开店能够为高

端消费者提供更为便利的服务。

2.4　宣传特色化

桂林市的米粉店很少重视宣传，一般都是等客进店，顶多是在附近发一些宣传单。而乱了粉库却打破常规，积极与各种宣传渠道相配合，大力进行宣传推广。比如借助本地媒体，在《桂林晚报》《桂林日报》等本地发行量最大的权威报纸上做宣传，还上了桂林电视台大型直播民生栏目《身边》，使得品牌形象得到有效的传播。此外，乱了粉库还率先借助微信等自媒体平台与消费者进行沟通互动，积累了市场口碑，提升了品牌形象。在大众点评网上，乱了粉库的评分也很高，在“快餐简餐”类餐厅的排名曾高居第一。

除了自身开展宣传活动外，乱了粉库还与高端旅行社联手，为高端旅行社的客户提供服务项目，也因此获得新的客源，实现双赢。

3　乱了粉库面临的挑战

乱了粉库开业后的市场反馈，证明了米粉店高端运营模式有其市场生存空间。乱了粉库在市场上也已经具有了一定的知名度和美誉度。当然，作为米粉行业的创新者，乱了粉库面临着很大的挑战，未来的发展仍有一些不确定性。挑战来自多个方面，比如能否形成稳定且庞大的回头客群体，能否建立高效的管理机制，能否培养出一个具有较强执行力的服务团队，能否将高端运营模式复制到其他市场，能否找到足够多的高素质团队成员以支持连锁经营发展的需要。

文春总经理认为，乱了粉库面临的最大挑战还是员工素质问题。高端运营模式的关键问题就是如何服务好高端客户。但是，当前很多青年人不愿从事服务行业，服务心态和服务技能存在很大欠缺，使得乱了粉库在招收和培训新员工方面遇到很多困难。如果没有一支高素质的员工队伍，乱了粉库未来的发展目标就无法实现。为此，乱了粉库计划每年送一个主管去读 MBA 学习班，同时经常聘请讲师开展店员培训。文春总经理还希望教育机构和全社会一起重视这个问题，通过共同努力来改善青年人的服务心态和服务技能。

4 结尾

乱了粉库独树一帜的高端运营模式打破了桂林米粉行业所固有的低价竞争模式，引起了社会的关注，也给予众多米粉店经营者以新的启迪。桂林米粉行业的兴旺发展，需要不同类别的竞争者参与进来以及实施差异化的运营模式，从而形成百花齐放、百舸争流的局面，更好地满足社会大众多样化的需求。

一、研究目的

通过本案例，研究者可以更加真切地了解企业运营模式与消费者需求的对应关系，了解如何通过运营模式创新来推动企业和行业的转型升级。

二、启发思考题

（1）乱了服饰把“乱了”品牌引入米粉行业，这种品牌延伸的做法有何利弊?

（2）乱了粉库高端运营模式的特征是什么?

（3）乱了粉库高端运营模式对你有什么启发?

（4）乱了粉库高端运营模式还有什么可以发展和改进的地方?

三、分析思路

这里提出本案例的分析思路，仅供参考。

（1）结合品牌理论，分析品牌延伸的利与弊。

（2）从运营模式的不同方面来分析乱了粉库高端运营模式的特征。

（3）分析乱了粉库的差异化竞争战略所起的作用。

（4）从产品设计、服务设计、选址规划、质量管理、库存管理、供应链管理、信息系统、生产计划等运营环节来分析乱了粉库高端运营模式可以发展和改进的地方。

四、理论依据及分析

1. 品牌延伸的概念及利弊

品牌延伸是品牌策略的重要内容，是指企业将某一知名品牌或某一具有市场影响力的成功品牌扩展到与成名产品或原产品不尽相同的产品上，以凭借现有的成功品牌推出新产品的过程。

有利之处在于：品牌延伸是企业推出新产品，快速占领并扩大市场的有力手段，是企业对品牌无形资产的充分挖掘和战略性应用。品牌延伸有助于减少新产品的市场风险，降低新产品的市场导入费用，强化品牌效应，增加品牌这一无形资产的经济价值。

不利之处在于：当一个名称代表两种甚至更多种有差异的产品时，必然会导致消费者对产品的认知模糊化。品牌延伸应尽可能避免在类别差异比较大的产品间进行。在品牌延伸中，如果破坏了品牌定位中核心价值的一致性，就会降低品牌的市场影响力。若在品牌延伸中不与该品牌定位一致，会动摇人们心目中关于该品牌的思维和情感定势，而随着这种状况的持续，自然给公众传达了不利于该品牌的混乱信息，相应地，该品牌的市场影响力就会降低，严重时会危及该品牌的市场地位。

2. 运营模式

运营模式是企业以特定细分市场为目标，为实现企业所确认的价值定位，通过不同运营要素的选择和设定，形成具有某种特色的产品或服务，并以可操作的方式向客户持续提供产品或者服务，从而创造价值，以及与客户共享价值的方式或策略。

对乱了粉库高端运营模式的分析应包含以下几个重要的方面。

（1）细分市场在哪里？

（2）乱了粉库所提供的价值是什么？

（3）乱了粉库怎样选择和设定运营要素来实现价值？

（4）乱了粉库的运营成本和利润水平如何？

（5）乱了粉库高端运营模式是否可行？是否可复制到别的市场？

（6）乱了粉库高端运营模式存在哪些风险？可以采取什么应对措施？

3. 乱了粉库的差异化战略

乱了粉库的差异化战略是将米粉产品和服务差异化，形成一些在米粉行业范围中具有独特性的东西。差异化战略可以降低消费者的价格敏感度，为企业带来有利的竞争地位，使其获得较高的收益。缺点是差异化战略的成本较高，且目标市场较小。

五、背景信息

乱了粉库运行高端运营模式以来，在桂林市民及外地游客中打响了知名度，获得了较高的消费者满意度和良好的市场口碑，并赢得桂林市政府颁发的“五星级米粉店”称号。当前乱了粉库高端运营模式还在不断改进中。

六、关键要点

案例分析的关键要点在于关注运营模式的有效性。要围绕目标细分市场的实际消费需求来选择和设定相应的运营要素，以构建适合的运营模式，从而获得差异化竞争优势。